U0518931

知识产权
人才培养研究

◎ 孙英伟　　王晓烁　　主编

知识产权出版社

全国百佳图书出版单位

——北京——

图书在版编目（CIP）数据

知识产权人才培养研究/孙英伟，王晓烁主编. —北京：知识产权出版社，2022.9
ISBN 978-7-5130-8179-5

Ⅰ.①知…　Ⅱ.①孙…②王…　Ⅲ.①知识产权—人才培养—研究—中国
Ⅳ.①D923.404

中国版本图书馆 CIP 数据核字（2022）第 087488 号

责任编辑：韩婷婷　　　　　　　　　　　　责任校对：潘凤越
封面设计：北京乾达文化艺术有限公司　　　责任印制：孙婷婷

知识产权人才培养研究

孙英伟　王晓烁　主编

出版发行：**知识产权出版社**有限责任公司	网　　址：http://www.ipph.cn
社　　址：北京市海淀区气象路 50 号院	邮　　编：100081
责编电话：010-82000860 转 8359	责编邮箱：176245578@qq.com
发行电话：010-82000860 转 8101/8102	发行传真：010-82000893/82005070/82000270
印　　刷：北京九州迅驰传媒文化有限公司	经　　销：新华书店、各大网上书店及相关专业书店
开　　本：720mm×1000mm　1/16	印　　张：13.75
版　　次：2022 年 9 月第 1 版	印　　次：2022 年 9 月第 1 次印刷
字　　数：218 千字	定　　价：69.00 元

ISBN 978-7-5130-8179-5

目　录

我国知识产权人才培养的现实困境与破解路径[*]

▌崔汪卫　胡天雨

＊ 基金项目：2019 年国家社科基金后期资助项目"商业秘密立法反思与制度建构"（19FFXB040）；安徽省质量工程重点项目"'互联网+'人工智能背景下知识产权法课程教学改革研究"（2019jyxm0284）

作者简介：崔汪卫（1979—），男，安徽桐城人，法学博士
后，法学院副教授。研究方向：知识产权法。
胡天雨（1993—），男，江苏连云港人，法学硕
士。研究方向：知识产权法。

快播被处以 2.6 亿元天价罚单、三星赔付华为 0.8 亿元赔偿金等网络事件占据着各大媒体的头条,这充分彰显了互联网技术发展和人工智能技术兴起时代知识产权对创新创造保护的重要作用,也呼唤高校培养更多的适应人工智能时代发展的知识产权专门人才。知识产权专业作为新兴本科专业,受到全国各地高校的追捧,截至 2022 年 2 月,有 107 所院校开设知识产权本科专业。我们要摆脱传统法学教学模式的束缚,探索适应人工智能时代需要的知识产权专业人才培养路径,为我国实现由"中国制造"到"中国创造"的转变培养更多复合型知识产权专业人才。

一、我国知识产权人才培养的现实困境

自 2003 年华东政法大学设立首个知识产权本科专业以来,知识产权成为最为热门、最为有前景的专业,其原因在于:其一是知识产权专业广阔的就业前景。峰创智诚 2019 年 6 月统计数据显示,每月全国提供的知识产权相关岗位均在 1 万人以上,而且薪资平均在 9212.78 元/月。❶ 其二是法学专业设置已近饱和,就业形势不太乐观,教育部对此专业予以严格控制,2012 年教育部将知识产权本科专业作为特色专业,由各校自主设置后报教育部备案。知识产权专业人才培养契合当前形势发展的需要,然而,知识产权专业人才培养现状仍不容乐观,存在不少亟待解决的问题。

---

❶ 刘强. 复合型知识产权人才培养模式的若干思考 [J]. 安阳师范学院学报,2019 (6):115-120.

（一）知识产权欠缺体系化

知识产权是舶来品，我国自改革开放以来知识产权事业才得以飞速发展，囿于知识产权客体范围广泛，内容繁杂，社会各界对知识产权相关问题存有争议，高校知识产权教学活动无所适从。例如，知识产权专业应当注重法律知识和知识产权法相关知识的传授，还是注重知识产权法、知识产权管理、知识产权代理等多方面知识的传授，这一争议主要体现为教育部《法学类教学质量标准》与业界普遍认识和人才需求之间的冲突。《法学类教学质量标准》将知识产权本科专业定位为法学类专业，并授予法学学士学位，但业界普遍认为，知识产权专业应当培养融会理工知识、经济管理和法律知识为一体的复合型专门人才，这对法学院学生来说无疑是一个巨大挑战。[1] 又如，知识产权的学科定位，其属于民商法学、经济法的分支还是与它们平行的法律部门，仍然存在争议。尽管主流观点认为知识产权学科是民法的分支，然而这仍然面临着不少问题，如著作权法、商标法、专利法等法律不仅涉及实体法内容，也有程序法的内容；知识产权法既要遵循民法上平等、诚信等基本原则，也要遵守经济法领域维护市场竞争秩序的一些法则。知识产权体系化的欠缺，对教师知识产权专业学科教学造成许多困扰，以至于其无所适从。

（二）教学方法缺乏科学性

长期以来我国传统法学教学以课程理论讲授为主，忽视学生实践能力的培养，这一教学方法延续到近年新增设的知识产权专业教学过程中。即便是当前有些教师有意识地开展案例教学，着力提升和培养学生实践能力，但是其仍然存在一些不足。第一，部分教师对案例背景缺乏应有的了解，知识产权领域案例大多较为复杂，案例的处理不仅涉及法律知识，有些案例还涉及理工、经济、管理等多方面的知识，且知识产权纠纷的发生都有特定的背景，这就要求教师具备多学科的背景，课前全面掌握案例所涉及的特定背景知识。第二，由于知识产权案例专业性较强，学生知识面较为狭窄，这势必导致学

---

[1] Gottlieb E, Keith B. The Academic Research-teaching Nexus in Eight Advanced-industrialized Countries [J]. Higher Education, 2013 (34): 397-420.

生很难参与案例教学当中，只能由教师从法律的角度"举例说明"，无法发挥学生的主体作用。第三，案例教学法要求教师选用案例得当、分析到位，否则将会严重影响到教学的预期效果。❶ 然而，在实际教学中，存在程序法教师注重案例中程序法知识的传授，实体法教师则注重案例中实体法知识的讲解的现象，这势必造成学生不能融会贯通地掌握知识，难以理论联系实际解决问题。

（三）培养模式忽视实践性

知识产权是一个应用性很强的学科，必须把实践教学放在人才培养的首位。然而，当前的培养模式实践性不强，具体体现在：第一，实践教学理念有待深化。至今为止，国办出台《关于深化产教融合的若干意见》已有两年多时间，然而，产教融合的培养模式仍处于摸索阶段，加之知识产权专业是全新专业，产教融合的教学理念有待进一步深化。❷ 第二，实践基地地域有待拓展。众所周知，技术创新与智力创造都需要知识产权作为制度保障，智力密集型企业多集中于东部沿海地区，中西部欠发达地区分布得较少，这直接造成中西部高校知识产权专业学生的实践基地严重不足的问题，使得他们很少有机会接触到企业知识产权管理、知识产权代理等具体实务，因而实践基地的拓展直接关系到知识产权专业人才培养的质量。第三，指导教师的实践技能有待提高。知识产权专业的教师必须是具备较强实践技能和较高理论水平的双师型人才。当前知识产权专业教师的理论水平基本可以满足专业课程理论教学的需求，大多数都具备硕士以上学位或者副高以上职称，但是，教学队伍的实践技能普遍存在一些欠缺，这在一定程度上制约和影响专业课程的教学效果。

（四）课程体系缺少完整性

课程体系缺少基本的完整性，是全国高校知识产权人才培养普遍存在的

---

❶ 张惠彬，沈浩蓝. 美国知识产权法学教育的发展状况研究 [J]. 法学教育研究，2018（3）：191-210.

❷ 殷聪，周于靖. 产教融合下电子商务及法律专业人才协同培养探究 [J]. 黑龙江教育，2020（2）：86-87.

问题。知识产权人才不仅需要懂得法律专业知识和专门的知识产权法知识，还应当懂得必要的工科、经济、管理等方面的知识。譬如，药品专利审查这一工作岗位，审查员懂得知识产权法这一方面的知识是远远不够的，必须掌握必要的药品专业知识，才能够对药品专利申请的客体进行创造性审查，不具备药品专业知识的审查员是无法审查申请客体是否具有创造性的。这就要求课程体系应当满足本专业对各类知识产权人才的基本需求，不能单纯囿于法律知识的传授。例如，华东政法大学《知识产权专业卓越人才培养实验班培养方案》所设置的课程均为法学类课程，与传统法学区别在于侧重知识产权法相关课程的设置，其不足在于尚未设置《工程制图》《大学物理》《管理学原理》等理工科和经管类基础课程。不可否认，不少高校意识到知识产权课程设置的复合型，但是课程设置仍然不尽合理，例如，湘潭大学《知识产权专业本科人才培养方案》所设置的专业核心课程都是法学类，基础课程设有《计算机程序设计》《高等数学》《大学物理》《管理学原理》四门理工科和经管类基础课，但仍不够全面，如《大学化学》《工程制图》等课程是专利代理和专利审查所必备的专业知识，却没有进行设置。

（五）培养目标缺乏时代性

就知识产权渊源而言，其与科技兴起与技术创新紧密相关，知识产权专业人才培养应当结合当前"互联网+"人工智能时代的现实情境，在教学理念、教学方法和教学思路等方面充分体现其区别于传统法学的特别之处，而不能运用传统法学的讲授方式，否则将难以达到应有的教学效果。知识产权专业人才培养目标一般定位为培养既懂法律又懂科技的复合型人才，人才的职业定位是社会主义法治国家建设所需要的知识产权人才，择业方向为国家司法机关、知识产权行政部门、各类企事业知识产权岗位。针对当前人工智能飞速发展的现实，知识产权人才培养应当紧跟时代的步伐，人才培养应当基于社会发展的基本现状与人工智能的发展趋势，将知识产权人才培养与社会需要紧密结合起来。随着大数据、云计算、人工智能等技术的发展，知识产权侵权行为由传统型逐渐向网络型转变，这就亟须知识产权维权队伍整体素质跟上时代的发展，知识产权专业人才培养自然也应当跟上新时代社会需求。

二、域外发达国家知识产权人才培养的路径

知识产权是国家发展的第一战略储备，是企业腾飞的"隐形翅膀"。加强知识产权人才培养，是新时代知识产权事业发展的根本要义，是知识产权强国建设的当务之急。为更好地培养复合型知识产权专业人才，全面提升我国知识产权创造、保护和运用能力，实现"中国制造 2025"目标，我们要借鉴域外发达国家知识产权专业人才培养的有益经验。为此，本文拟对美国、德国、日本等发达国家知识产权专业人才培养路径进行深入探讨。

(一) 美国知识产权人才培养路径

作为英美法系国家，美国知识产权教育体系比较发达，其在知识产权人才培养方面积累了不少可供借鉴的经验。

1. 开设多层次的知识产权课程

第一，开设知识产权课程丰富。美国知识产权事业的发达离不开高校知识产权人才的培养，全美不少法学院都设有数门知识产权课程，有些甚至超过 10 门，例如，哥伦比亚大学法学院、杜克大学法学院、加州大学伯克利分校法学院等 19 所高校提供 10 门以上的知识产权课程供学生选学，这些课程的选学对象并不局限于法学院学生。❶ 第二，知识产权课程具有多层次性。课程设置具有多层次性，主要分入门课程和高级课程。入门课程主要引起学生对知识产权的全面了解并产生浓厚兴趣，从而为今后选择知识产权方向继续深造提供前提条件。入门课程主要包括版权、商标、专利和国际知识产权法等基础性课程，全美前 50 名的法学院都开设有知识产权入门课。高级课程的开设主要是师资力量强、硬件条件好的法学院，例如，宾夕法尼亚大学法学院开设互联网追踪、专利追踪、版权与商标追踪和一般性课程四类共 27 门高级课程，此外，该法学院还提供知识产权谈判、争端解决、诉讼程序等专业

---

❶ Jessica Reyman. The Rhetoric of Intellectual Property: Copyright Law and Regulation of Digital Culture [M]. New York: Routledge, 2011: 129.

性课程。❶ 第三，有些法学院提供知识产权商业类课程。例如，康奈尔大学、纽约大学、密歇根大学等 10 所大学的法学院提供与创业有关的课程，富兰克林皮尔斯法律中心提供知识产权管理战略课程。当然，也有高校知识产权商业类课程安排在商学院教学计划中，培养符合社会需求的复合型知识产权人才。

2. 实行多样化的课程教学方法

美国高校知识产权课程教学实行多样化的教学方法，而不囿于某种特定的教学方法。一般情况下，课程教学采用问答式教学法。课前教师将案例分配给学生，保证其有充分的准备时间，上课时由教师指定一名学生对案例基本情况进行复述，复述后再由教师向学生提出问题，学生准备后作答。此种教学方法可以培养学生的思考问题能力，可以让学生对案例所涉及的法律在司法实践中如何适用有更为深入的理解，也为学生提供展示自己的机会和公开演讲的经验。❷ 需要指出的是，调研性课程和陈述性课程不适用于问答式教学法，此类课程需要由教师决定选题，准备讲授材料，教师在讲授过程中起主导作用且由其进行课程知识传授。除问答式教学法以外，美国知识产权课程教学还采用研讨会教学法和书写教学法。研讨会教学法主要由教师提出讨论主题，由学生对主题进行系统的分析和讨论，最后由教师进行点评或者归纳总结，引领学生理解讨论主题相关知识点，对学生的错误理解予以及时纠正。书写教学法则注重学生写作能力的培养，由老师确定课程的主题，要求学生对主题进行研究和写作，表达自己对主题的具体看法，并将其研究成果向其他同学展示，由教师作最后的点评。此教学法可以培养学生独立思考和语言表达的能力，加深学生对问题的深入理解。

3. 引进多元化的专业师资队伍

美国高校知识产权教师队伍呈现多元化趋势，具体而言：第一，注重吸

---

❶ Peter K. Yu. Teaching International Intellectual Property Law [J]. St. Louis University Law Journal, 2008 (52): 924.

❷ Roberta Rosenthal Kwall. The Intellectual Property Curriculum: Findings of Professor and Practitioner Surveys [J]. Journal of Legal Education, 1999 (49): 205-214.

引有实务经验的人员从事课堂教学。以纽约大学为例，该校法学院从事知识产权领域教学科研工作的教授有 37 人，而全职教授仅 12 人，兼职教授多达 25 人。全职教授主要从事一些知识产权基础性和理论性课程的教学，兼职教授基于其具备丰富的实务经验，多从事与自己执业方向密切相关的课程教学。❶ 兼职教授是有特殊背景，其对知识产权各领域的发展现状和未来趋势有很清晰的认识，课程教学更具针对性，也更有利于学生未来职业发展。第二，注重多学科师资队伍建设。美国知识产权教育大多由法学院来承担，学生经过严格考试选拔才可能就读知识产权专业，本科阶段学习知识产权知识的同时，还需要学习经济、管理、科技等社科和理工类多方面的知识，因而知识产权人才培养所需的师资不仅是有法学和知识产权背景的教师，还应是有经济、管理和理工科背景的专业教师。因此，复合型背景的师资队伍建设直接关系到知识产权人才培养的质量和层次。

（二）德国知识产权人才培养路径

作为大陆法系国家，德国工业经济体系较为完善，并且逐渐成长为世界工业强国。这些成绩的取得都离不开知识产权法律保护体系的建立，离不开知识产权人才的培养。德国知识产权人才培养的途径主要体现在以下几个方面。

1. 政府高度重视知识产权人才培养

"二战"结束以后，德国政府和企业特别重视知识产权制度的有效运用，不断增强和保持其市场竞争优势，进而促进德国工业经济迅速崛起并成长为工业强国。德国知识产权强国战略的实施，离不开知识产权专业人才的培养。欧盟成立后，其以新经济为突破口赶超美国，逐渐成为全球最繁荣、最活跃、最有竞争力的建立于知识产权经济之上的新经济。德国作为欧盟重要成员国，政府致力于知识产权战略的实施，打造一批世界上具有重要影响力的跨国科技型公司，自 2013 年德国首次提出"工业 4.0"战略以来，巴斯夫（BASF）、

---

❶ 曾培芳，叶美霞，刘红祥. 中美知识产权人才培养模式比较研究 [J]. 科技进步与对策，2008（12）：227-229.

戴姆勒（Daimler）、汉高（Henkel）、拜耳（Bayern）等大型企业均将塑造创新体系和提高创新能力作为其转型的关键。❶ 知识产权人才培养作为创新体系和创新能力建设的基础，德国政府对此日益高度重视，要求知识产权管理、司法和企业等领域必须由素质较高的专业人才担负相关工作，例如，专利审查员必须具备机械、物理、化学等专业背景；审理案件的法官必须既熟悉法律也懂技术。

2. 人才培养坚持理论与实践并重

德国知识产权人才培养坚持理论与实践并重，知识产权人才培养方案将实践性课程纳入人才培养的必修课，在理论与实践相结合中培养知识产权人才。以专利律师人才培养为例，德国要求知识产权人才必须在强化知识产权保护、保障发明创造技术含量和专利文件撰写质量方面具有丰富的实践经验，为此，德国知识产权律师必须经过 34 个月以上的实习期，实习专利律师必须在专利事务所或者企业知识产权管理部门跟随一名兼职预备律师学习 26 个月，并定期接受德国和欧盟知识产权法远程教育，参加专利律师考试。同时，预备律师还应当在专利商标局实习 2 个月，德国联邦专利法院实习 6 个月，还可额外选择地方法院从事 2 个月的专利侵权诉讼等相关实习。❷ 通过 34 个月以上的实习，德国专利律师不仅熟悉专利申请的审查流程与标准，也知悉专利侵权的相关诉讼程序。德国知识产权人才培养不仅包括高校知识产权专业学生，还包括实务界知识产权运营、管理、保护等领域人员。例如，企业定期选派本单位技术、法律人员进行跨专业知识培训，或者选派本单位员工前往专利事务所实习、高校学习，鼓励具有复合知识背景者参加专利律师资格考试，为企业储备知识产权人才。

3. 设立专门的知识产权研究机构

德国设立有享誉全球的知识产权专门研究机构——德国慕尼黑马克斯·

---

❶ 曹新明，叶霖. 借鉴美国经验以完善理工背景知识产权人才培养模式 [J]. 工业与信息化教育，2018（2）：30-34.

❷ Barnwell R. Beyond All Reason：Living with Ideology in the University [M]. Burking ham Society for Research into Higher Education and Open University Press，2003：147.

普朗克创新与竞争研究所（以下简称马普所），该研究所在国际知识产权研究领域堪称首屈一指，每年都吸纳全球各地优秀的知识产权专家在此交流研讨和进修学习，马普所除拥有完善的硬件设施、开放的科研环境外，还拥有一流的研究队伍、水平和成果，拥有全球最大的知识产权图书馆和一流的图书资料。在日常教学科研活动中，马普所聘请了知识产权领域著名的学者和实务精英。我国不少从马普所进修学习和学术交流的学者回国后，都成为知识产权界的领军人物，不少知识产权专业的留学生将马普所列为自己的首选。与此同时，德国马普所与包括中国在内的世界知名高校建立长期合作关系，不少知名专家受聘于包括中国在内的高等院校，例如，同济大学与德国马普所建立了良好合作关系，聘任现任马普所所长 Reto Hilty 教授和马普所前所长、国际著名知识产权专家 Joseph Straus 教授等为该校上海国际知识产权学院学术顾问。这种设立专门知识产权研究机构的模式，对开展国际知识产权合作交流和人才培养起到示范性作用，为各国知识产权人才培养所普遍借鉴和推崇。

（三）日本知识产权人才培养路径

作为亚洲强国的日本，政府部门高度重视知识产权保护在创新创造中的重要地位，将知识产权强国提升至国家战略。与此同时，日本政府实施全民知识产权教育，大力培养知识产权人才。

1. 提高全体国民知识产权保护意识

第一，政府部门重视国民知识产权保护意识。日本特许厅组织发明协会、知识产权研究会等民间组织和社会团体针对不同对象编写知识产权教材和辅导读本，免费发放给幼儿园、中小学、高校和科研机构相关人员学习使用。第二，编写适合国民阅读的知识产权读本。日本作为发达的知识产权国家，非常重视知识产权知识普及和教育，针对不同的教育对象开展不同形式、内容、层次的人才培养。例如，针对中小学生编写诸如《活跃思想面向未来》《从专利来看产业发展史》等具有启发其发明兴趣的辅助读物，提高其对发明创造的兴趣，培养他们的独创性思维；针对高等教育和职业教育，编写《专利篇》使得学生掌握专利申请文件的撰写和权利取得的实务能力，编写《商标篇》培养商业职校和大学商科学生利用商业标志维护品牌形象意识。❶ 第三，通过多种活动形式传授国民知识产权基础知识。通过培养知识产权专业教师、面向各类学校师生和企业等召开多样的知识产权研讨会、开展交流研讨等形式不断提高全体国民的知识产权保护意识，传授知识产权专业基础知识。❷

2. 加强高校知识产权专业人才培养

第一，设置知识产权专门教育机构。日本政府颁布了《知识产权战略大纲》，在国家层面设置知识产权战略部，由日本首相亲自担任部长，并强调在全国高校设置知识产权部的必要性，要求各国立大学于 2003 年底应当设置知识产权部，为日本经济发展储备了大量的专业知识产权人才。第二，理工科专业开设专门知识产权课程。从大学入学开始即加强对学生进行知识产权专业知识教育，培养精通知识产权业务的专门人才。日本大学自 2002 年起就在理工科和研究所开设知识产权制度的专门讲座，设置专门的知识产权职业学院，有组织、有计划地培养精通专门技术和知识产权法律等多方面知识的专业人才。❸ 第三，知识产权课程列入研究生必修课程。日本硕士研究生教育将知识产权作为其必修课程，例如，东京理工大学、大阪工业大学等 6 所高校合作培养精通专利申请和专利审查等相关实务知识的专门性人才，经过一段时间的学习并经考核后授予知识产权硕士学位。

三、我国知识产权人才培养困境的破解之策

完善产权保护制度，提高经济竞争力，都依赖于强而有力的知识产权制度作为保障，而知识产权许可、转让、质押、保护等工作亟须培养专门化的知识产权人才，知识产权专业人才队伍建设是实现知识产权强国战略的重要基础和

---

❶ Jensen J. Research and Teaching in the Universities of Denmark：Does Such an Interplay Really Exist？[J]. Higher Education，2014（1）：17-26.

❷ 崔汪卫. 知识产权学科教学面临的困境与应对 [J]. 安庆师范大学学报（社会科学版），2018（3）：121-124.

❸ 刘强. 复合型知识产权人才培养：特点、政策与理念 [J]. 武陵学刊，2019（6）：44-50.

前提。针对当前我国知识产权人才培养存在的困境，我们需要借鉴域外发达国家的有益经验，建立起一套符合我国实际的知识产权人才培养有效路径。

（一）制定符合社会需求的人才培养目标

人才培养目标的确立，直接关系到人才培养质量和人才需求匹配度。当前知识产权人才培养要坚持分类培养，实行实务型与理论型培养适度分离的培养模式并制定不同的培养目标。对于实务型人才培养而言，其培养目标主要是满足社会创新发展对知识产权人才的现实需求，破解当前创新型企业招聘不到合适的知识产权人才的现状，特别是培养懂法律、会技术、善管理的复合型知识产权专业人才。例如，对于应用型高校知识产权专业人才，目标定位为培养具有扎实的专业功底、熟练的职业技能和合理的知识结构，能够在国家机关（知识产权行政执法机关和法院、检察院等司法机关）、服务机构（律师事务所、专利代理机构）、企事业单位从事知识产权管理、审判、服务工作的复合型、应用型、创新型知识产权专业人才。对于理论型人才，着力培养适应现代化建设和知识产权国际化需求、能够担负知识产权理论研究、高校知识产权教学和知识产权实际工作的高层次专门人才。

（二）建立知识产权人才培养国际协作机制

知识产权人才培养不仅依靠高校本身，还依赖于外界因素的影响。这就需要我们建立起一套符合我国实际的知识产权人才培养协作机制。第一，加强与发达国家高校和国际组织的合作。我国高校应当充分利用现有资源，汲取域外发达国家知识产权人才培养的先进经验，加强与世界知识产权组织（WIPO）多层次、宽领域的合作，切实提高知识产权人才培养质量。同时，针对知识产权人才的市场需求，与发达国家和国际组织建立专门的合作机构，推出不同类别的人才培训项目，供国内各类人员根据工作需求选择学习培训。第二，加强与国际学术研究机构的合作。上文提及我国多所高校与德国马普所在人才培养和科学研究方面建立了良好的互动交流关系，国际知识产权学术研究机构拥有师资和科研等方面的优势，能够为我国知识产权人才培养起到重要的促进作用，我们可以通过"引进来、送出去"的方式加强与国际学术研究机构的合作，从国际学术机构通过全职或者兼职的形式引进一批国际优秀师资，或选派师生前往国际学术研究机构进修学习，培养具备国际化视野的知识产权人才。

(三) 坚守知识产权人才培养的复合型理念

知识产权学科定位曾经有过不同的学说，主要以"多元交叉说""法学学科说""独立学科说"为代表，然而，无论哪一种学说都承认知识产权学科是一门集法律、经济、管理和理工于一体的交叉型学科，此交叉型学科定位决定知识产权专业培养人才应当坚持"复合型"理念。❶ 复合型知识产权人才培养对教育对象提出了更高的要求，具有知识产权专业硕士和博士点的高校招收具有理工、经济、管理等背景的硕士和博士不失为一个好的选择。因此，对于107所设有知识产权本科专业的高校而言，如何坚守复合型知识产权人才培养理念即成为当前需要解决的重要问题。本文认为，知识产权人才培养应当依据不同学历层次加以区别对待，知识产权硕士和博士侧重于专业方向型的培养；知识产权本科则侧重于系统化、体系化人才的培养，在适当传授学生理工类、经济学、管理学等专业基础知识的前提下，让他们继续学习知识产权专业核心课程，使其未来从事知识产权领域的工作能够具有区别于单纯修读法学、理工、经济、管理等专业背景学生的明显优势。

(四) 制订科学合理的培养方案和课程体系

第一，制订合理的知识产权人才培养方案。知识产权专业人才培养方案的制订应当贯彻复合型培养理念，以知识产权本科培养方案制定为例，可以将培养方案设计为：(1) "2+2"模式。即前两年修读公共课和理工、经济、管理等专业基础课程，后两年修读知识产权专业核心课程。(2) "3+2"专升本模式。即从理工、经济、管理等专业专科毕业生中选拔一批学生继续学习两年知识产权专业核心课程。(3) "4+0"双学位模式。即有双学位授予权的高校，学生从事知识产权相关课程学习的同时，利用业余时间选修理工、经

---

❶ Ebert, John David. The New Media Invasion: Digital Technologies and the World They Unmake [M]. Jefferson, N. C.: McFarland & Co., Inc., 2011: 265.

济、管理等专业的第二学位。第二，优化知识产权专业课程体系。知识产权专业的课程设置应当遵循因材施教的原则，落实人才培养方案和培养目标，体现知识产权人才培养的层次性和差异性。以知识产权本科和硕士为例，知识产权本科主要开设基础课程（公共课和物理化学、生物制药、经济管理等课程）、专业课程（法学和知识产权核心课程）、实践课程（信息文献检索、知识产权代理、知识产权评估等）；知识产权硕士主要开设知识产权专题课程（知识产权总论、著作权法、商标法、专利法、竞争法等专题）、前沿课程（科技法、电子商务法等）。

（五）充分利用网络资源开展知识产权教学

"互联网+"人工智能打破了传统教学观念和时空的藩篱，互联网技术推动了知识产权人才培养模式和教学方式的变革。充分利用网络资源开展知识产权教学即成为提高教学效果的重要手段，通过网络教学平台（如超星、MOOC 等）既可以实现不同类型院校知识产权课程优质资源的共享，满足学生的个性需要，也可以满足社会人员学习知识产权知识的需求，提高国民知识产权保护意识。在利用网络资源开展知识产权教学的过程中，我们应当注意把握以下几个问题：第一，突破思想观念的障碍。虽然网络教学的技术平台已经非常成熟，技术障碍已彻底消除，但是教师利用网络平台从事教学的思想观念的突破仍需时日，要充分利用网络资源开展知识产权教学，教师就必须灵活运用超星、MOOC 等网络教学平台。第二，引导学生进行课前预习。传统教学模式下课程预习因学生知识面局限很难达到预期效果，而网络教学则不同，教师课前可以事先讲明下节课的重难点，由学生课前通过网络听取相关课程章节的精讲，了解哪些知识是自己的盲点，教师在课堂上可以根据学生的预习情况有针对性地进行讲解，也可以就重难点和盲点与学生个别进行交流。第三，引入前沿性实务课程。知识产权教材无法跟上"互联网+"人工智能时代知识的更新，教师可以利用网络资源引入一些前沿性课程，例如，当前人工智能、区块链等技术发展深刻影响到知识产权的保护，教师可以引入 MOOC 网站《网络与人工智能法》《区块链技术与应用》等在线课程，拓宽学生的知识面，增强课程教学的实际效果。

我国知识产权学历教育研究

——以 2012—2022 年十年变迁为视角

▌王　翔　孙英伟

作者简介：王　翔（1979—），女，新疆和静人，法学硕士，石家庄学院讲师。研究方向：民商法学，高等教育。

孙英伟（1969—），女，河北元氏人，知识产权法学博士，石家庄学院教授。研究方向：知识产权。

　　知识产权学历教育作为我国知识产权人才培养的重要途径，具有人才培养体系化、培养时间集中、师资稳定等优势。高等院校及部分科研院所作为知识产权学历教育的主体，是我国知识产权各类型人才培养的主阵地，肩负着知识产权人才培养的重大责任。知识产权是法学、管理学、外语、经济学和自然科学等学科紧密相连的交叉专业，其学科定位的准确性、人才培养方案制定的科学性、课程方案实施的有效性是人才培养质量保证的关键所在。2011—2012 年间，笔者曾对我国知识产权学历教育和研究机构做过研究❶，研究成果《我国知识产权学历教育及教学科研机构研究》一文发表于《武陵学刊》第 40 卷第 2 期。如今 10 年过去了，在这期间我国知识产权学历教育发生了哪些变化，取得了哪些成果，还存在哪些问题？为此，笔者采集了2021—2022 年知识产权学历教育的数据和资料并进行了分析。

一、知识产权学历教育的发展变化

（一）知识产权本科教育发展迅速

1. 开设知识产权本科专业的院校数量翻倍

　　2012 年我国知识产权本科招生院校为 44 所，而根据教育部发布的年度本科专业新增目录，截至 2022 年 2 月，开设知识产权本科专业的院校总数增加到 107 所，其中不包括 2019 年和 2022 年被撤销知识产权本科专业的 2 所院校。

---

❶　本文研究范围限于我国大陆地区，不含我国台湾地区。

2. 开设知识产权本科专业的院校类型多样

开设知识产权本科专业的 107 所高校❶中，有 54 所大学和 53 所学院，大学和学院比例为 1∶1。从高校的类型看，有 42 所综合类院校，30 所理工类院校（20 所理工、工业类，6 所科技类，2 所交通类，1 所邮电类，1 所计量类），16 所师范类院校，8 所政法类院校（含 1 所警察院校），7 所财经类院校，2 所民族类院校，1 所农业类院校和 1 所艺术类院校。可见，开设知识产权本科专业的院校类型具有多样性。

3. 开设知识产权本科专业的院校地域分布广泛

开设知识产权本科专业的院校分布于我国的 26 个省、自治区和直辖市。其中，河南省有 12 所高校，位居榜首；山东省 8 所，位居第二；浙江省和湖南省各 7 所；重庆市、江西省和广东省各 6 所；江苏省和安徽省各 5 所；湖北省、四川省、河北省、甘肃省、福建省和北京市各 4 所；上海市、辽宁省、黑龙江省和广西壮族自治区各 3 所；云南省和天津市各 2 所；新疆维吾尔自治区、陕西省、山西省、内蒙古自治区和贵州省各 1 所。详见图 1。

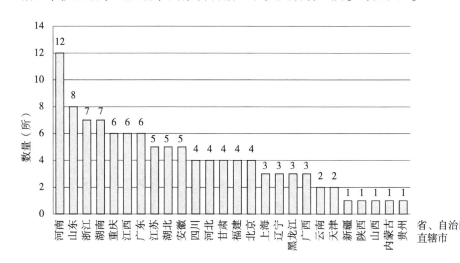

图 1　开设知识产权本科专业的院校地域分布

---

❶　其中，有两所学校知识产权专业已被撤销，分别是广州大学松田学院知识产权专业（2019 年被撤销），淮北师范大学（后更名为淮北理工学院）知识产权专业（2022 年被撤销）。

目前，我国仅西藏自治区、青海省、宁夏回族自治区、吉林省和海南省没有开设知识产权本科专业的高校。

（二）知识产权研究生教育丰富多样

据统计，目前全国设立知识产权方向硕士研究生培养的学校高达 200 多所，知识产权方向博士研究生培养学校有 41 所。[1] 笔者通过搜集 2021 年和 2022 年两年各高校的硕士、博士招生简章，并在研究生招生网上按"知识产权""知识产权法""知识产权法学"进行硕士、博士专业目录查询，搜集、汇总数据作为知识产权研究生培养情况的基础数据。为了保证知识产权研究生教育数据的有效性，本次数据仅保留了设有知识产权学院，或者研究生招生专业明确为知识产权、知识产权法（学），或在法学、民商法学、经济法学和国际法招生目录下明确知识产权方向的院校，不包含法学大类招生或单独招收部门法研究生而未明确标明知识产权方向的院校。

1. 知识产权博士研究生招生情况

目前招收知识产权博士的院校主要有[2]：华东政法大学、北京大学、清华大学、中国人民大学、中国政法大学、中国社会科学院大学、中南财经政法大学、西南政法大学、暨南大学、吉林大学、厦门大学、同济大学、复旦大学、武汉大学、浙江大学、南开大学、上海大学、上海交通大学、南京大学、山东大学、郑州大学、苏州大学、湘潭大学、四川大学、重庆大学、烟台大学、华中科技大学、南京理工大学、大连理工大学、昆明理工大学等 41 所院校。

这些院校中，上海大学、大连理工大学和华中科技大学授予管理学博士学位，厦门大学可授予经济学、管理学和法学博士学位，其余院校[3]授予知识

---

[1] 李静. 高校多层次知识产权人才培养模式研究：以工科优势综合性大学为例 [J]. 河南科技，2021，40（30）：113-115.

[2] 对外经贸大学和哈尔滨工业大学由于在博士招生目录中未标明知识产权方向，故未收录。

[3] 烟台大学是个例外，其招收博士专业是药学，下设了"新型释药系统开发与知识产权保护"方向。

产权法学博士学位。

从知识产权博士培养方向上看，招收类别最丰富的当属厦门大学。厦门大学知识产权学院招收 3 大类、9 个方向的知识产权博士，分别是：经济学类的知识产权管理博士，分创新、竞争与知识产权、数字经济理论与应用、知识产权的经济分析 3 个研究方向；法学类的知识产权法学博士，分知识产权制度、知识产权理论和技术创新、知识产权与竞争 3 个研究方向；管理类的知识产权管理博士，分技术经济与知识产权管理、知识产权战略与制度、知识资本与价值评估 3 个研究方向。

招收知识产权管理博士的学校中，研究方向数量最多的是大连理工大学，其区分了技术创新管理、企业创新管理、专利运营及管理、知识图谱分析、专利诉讼与预警、知识产权战略与运营、技术情报分析、企业知识产权保护、知识产权与企业创新、知识产权运营管理 10 个方向。

而在知识产权法学博士培养上，有 3 所院校细分了培养方向。中国政法大学的知识产权法学分为知识产权法理论、著作权法、工业产权法和知识产权国际保护 4 个方向；北京大学的法学（知识产权法）分为知识产权法学、互联网法、传媒法与知识产权 3 个方向；西南政法大学的知识产权法学分为知识产权法、知识产权管理和知识产权国际保护 3 个方向。此外，同济大学的知识产权博士，细分为知识产权与竞争、人工智能法律与知识产权、知识产权管理、知识产权与生命科技 4 个方向。

与其他学校不同的是，华中科技大学不仅在工商管理专业招收知识产权战略与管理方向博士研究生，同时还在民商法学专业招收知识产权法方向博士研究生。

可见，我国知识产权博士人才培养类型涵盖了经济学、管理学、法学三个一级学科，从知识产权和知识产权法两条路径培养高层次知识产权人才，以满足社会对知识产权人才的需求。

2. 知识产权硕士研究生招生情况

和十年前类似，知识产权硕士研究生招生仍呈现多学科、多专业、法学硕士和法律硕士全涵盖的特点，以知识产权专业、法学一级学科下设知识产权法、法学二级学科的民商法、经济法、国际法等部门法中细分知识产权法研究方向、管理学一级学科下的二级学科招收知识产权研究方向、在法律专业硕士招收知识产权（法）或知识产权管理研究方向❶5 种方式培养知识产权硕士研究生。但和十年前相比，知识产权硕士研究生人才培养出现了以下变化：

（1）知识产权本科、硕士一体化人才培养

107 所有知识产权本科专业的院校中，有 12 所院校招收知识产权硕士研究生，分别是：华东政法大学、华南理工大学、重庆理工大学、中国计量大学、暨南大学、湘潭大学、西南科技大学、郑州大学、浙江工商大学、南昌大学、西南政法大学和中原工学院。其中，华东政法大学是全国唯一一所全面招收知识产权本科、硕士、博士的院校。这些院校有利于知识产权本科、硕士一体化人才培养。

（2）知识产权人才专业化、多元化培养

目前，全国共有 50 多所高校设有知识产权学院，在知识产权人才培养中发挥着重要的作用。例如，重庆理工大学的重庆知识产权学院，以 4 种方式培养硕士研究生：①招收知识产权管理硕士，分为科技创新与知识产权运营管理、知识产权智能化管理与应用、产业发展与知识产权管理、知识产权公共政策管理 4 个研究方向；②招收工商管理硕士，研究方向为知识产权管理；③招收应用经济学硕士，在资产评估（专业学位）中设有知识产权评估方向；④（非全日制）工商管理（MBA）（专业学位）中设有知识产权管理方向。由此可见，重庆理工大学在知识产权人才培养上充分体现了复合型知识产权人才培养特点。

一些高校整合本校知识产权法资源，成立知识产权科研机构，增强了知识产权教学科研能力。例如，武汉大学知识产权法研究所整合了武汉大学法学院经济法、环境法、国际法、民商法等教研室从事知识产权法相关研究的现有力量，初步形成了一线名师领衔的研究队伍，不仅获得了"知识产权法学"二级学科博士学位授权点，而且在知识产权硕士培养中多类别招生。武

---

❶ 冯晓青，王翔. 我国知识产权学历教育及教学科研机构研究［J］. 武陵学刊，2015，40（2）：131–139.

汉大学不仅在传统优势学科——国际法学下招收国际知识产权法研究方向硕士研究生，也招收知识产权法学硕士，在知识产权法学硕士培养上细分了知识产权法基础理论、专利法、著作权法、商标法、竞争法、商业秘密法、新型知识产权保护和国际知识产权保护 8 个研究方向，有针对性地对知识产权人才进行专业化、精细化培养。

还有一些高校同时招收知识产权学术硕士和专业硕士。例如，华东交通大学在法学学术硕士和专业硕士中全面招收知识产权硕士研究生。该校知识产权法学硕士招生分两种：一种是在民商法学二级学科下招收知识产权法学方向；另一种是直接招收知识产权法学硕士，分为著作权法、商标法学和专利法学 3 个方向。知识产权专业硕士招生分为三种：法律硕士知识产权法方向（非法学）、法律硕士知识产权法方向（法学）、公共管理硕士行政管理方向（含交通管理、知识产权管理、文化管理）。知识产权学术硕士和专业硕士同时培养的方式，能够实现法学专业与理工专业的交融贯通，有利于知识产权人才的培养。

（3）特色知识产权人才培养

一些高校结合自己的学科和专业优势，设置了体现自身特色的知识产权硕士专业。如山东理工大学招收情报学（知识产权管理及运用）硕士研究生，并在图书情报与档案管理专业中招收知识产权管理与分析评价方向硕士研究生；北京外国语大学在国际法学专业中设立了国际娱乐和体育法研究方向；中国计量大学在法学专业中设立了知识产权法与网络法治研究方向；暨南大学在技术经济及管理专业中设立了企业创新与知识产权管理研究方向；安徽工业大学工业工程与管理专业中招收创造工程与知识产权管理方向硕士；辽宁大学招收知识产权与人工智能法学硕士研究生；吉首大学招收非物质文化遗产学硕士研究生；广西民族大学在图书情报与档案管理专业中招收民族文化遗产保护与开发方向硕士研究生；景德镇陶瓷大学在美术学专业中招收陶瓷知识产权保护方向硕士研究生。

笔者注意到，上海中医药大学曾经招收中医药知识产权保护硕士研究生，兰州大学曾经招收情报学（信息资源管理与知识产权）方向硕士生，但在两所院校 2021 年和 2022 年的硕士招生目录中，均未有这两个方向研究生招生信息，可初步判断目前两所院校已停止上述两个方向的研究生招生。

（三）知识产权人才培养模式因培养层次不同而呈现不同的样态

1. 本科人才培养模式相对单一，课程设置较为统一

综合类、法学类、师范类院校开设知识产权本科专业，通常按照法学本科专业人才培养模式，以"公共基础课+法学专业基础课+知识产权法专业课+选修课"的方式设置课程方案。根据《知识产权专业教学质量国家标准》，知识产权专业核心课程包括：习近平法治思想概论、法理学、宪法学、刑法、民法、刑事诉讼法、民事诉讼法、行政法与行政诉讼法、知识产权总论、著作权法、专利法、商标法、竞争法、知识产权管理、知识产权文献检索与应用。这也成为大多数知识产权本科专业的核心课程。此外，一些院校结合各自院校的优势和特色增设专业课，如青岛农业大学知识产权专业把"植物新品种保护法"作为专业必修课，重点培养植物新品种保护人才。

理工类院校本科阶段一般采用"2+2"模式为主要培养模式，即两年时间学习理工科专业知识，两年时间学习知识产权及其相关法律知识。在"新工科、新医科、新农科、新文科"的"四新"建设过程中，一些理工类院校对知识产权人才培养模式进行了新探索。如上海大学招收了理科实验班，大一阶段进行宽口径培养，大二时按照学生的兴趣、高考成绩、第一学年的绩点排名进行专业分流，提升了知识产权专业学生的理工科素养。南京理工大学知识产权学院设立了创新实验班，通过"3+1"双学位模式培养知识产权人才，即学生学习三年理工科课程，然后再学习一年法学课程，经考核合格，可获得理工科专业学历学位证书和法学学士学位。重庆理工大学在知识产权专业课程方案中设置了本校优势学科机械基础类课程，以使学生更系统地掌握理工科知识。❶

此外，也有一些院校采用"4+2"模式，即四年本科专业学习的同时，攻读第二学士学位。这种模式又可分为两种：第一种是为知识产权专业本科

❶ 周志聪，于梓丰. 新文科背景下知识产权人才培养路径研究［J］. 南京理工大学学报（社会科学版），2021，34（2）：36-40.

生开设理工科第二学位；第二种是为理工科专业本科生开设知识产权第二学位。从实践效果来看，第二种模式效果更优。

2. 研究生人才培养模式具有多样性、包容性和灵活性

与知识产权本科人才培养模式的相对单一不同，知识产权研究生人才培养模式则呈现出多样性、包容性和灵活性的特点。

（1）人才培养的"2+2+3"模式

这种模式主要适用于"理工科+法学"的复合型人才培养，率先采用该模式的是上海大学。第一阶段的"2"是指理工本科一、二年级的两年，第二阶段的"2"是理工本科三、四年级的两年。已完成理工本科一、二年级学习的学生可自愿报名参加第二阶段的学习，学校从中择优筛选，第二阶段的"2"年要同时学习理工本科和知识产权法双学科知识，即不但要全面完成理工专业相关课程的学习和毕业设计，还要辅修知识产权法及管理的相关课程。这些学生在本科毕业后，可以自愿报名参加理工本科/知识产权法硕士的"本硕连读"，学校从中择优选拔一批直升研究生进入第三阶段的学习，即"3"年法学硕士研究生阶段学习。[1]

（2）人才培养的"4+3"模式

这种模式主要是培养跨专业的硕士研究生。一种是法律专业硕士的培养，即招收已获得法学之外学士学位的本科毕业生（尤其是理工本科毕业生）进入法律硕士阶段的学习，培养知识产权法方向的复合型人才，这也是我国目前知识产权法律人才培养的一种主要方式。另一种则是"工商管理"硕士培养模式及知识产权管理学硕士培养模式，前者是在 MBA 专业硕士的框架下培养知识产权运营管理人才，后者是在管理学中专设知识产权管理方向，但其因"受限于招收院校的数量和管理学学科的模具化、格式化、割裂化的学科建设"[2]，发展缓慢。

---

[1] 张冬梅，陶鑫良. 我国理工背景知识产权人才培养的沿革与建言 [J]. 工业和信息化教育，2018（2）：16-20，34.

[2] 陶鑫良，张冬梅. 我国知识产权人才培养与学科建设的沿革回顾与发展建言 [J]. 中国发明与专利，2018，15（4）：13-24.

（3）人才培养的"3+1+2+4"模式

南京理工大学"3+1+2"模式是理工背景知识产权人才培养模式的一项创新。"3+1"在本科阶段实施，"3"阶段（本科）是指理工相关专业的学习，以掌握理工基础理论和工科实务操作能力为培养目标。"1"阶段（本科）同时学习知识产权本科专业的核心课程，以掌握知识产权基础理论和法律实务操作能力为培养目标。"3+1"阶段，学生经考核合格，获得理工专业本科学历、学士学位及法学学士学位。"2"阶段（硕士）的学习，以知识产权运用、知识产权管理、知识产权保护为培养内容，以知识产权实务操作能力和研究能力为培养核心，学生经考核合格，获得知识产权管理硕士学位。"3+1+2"知识产权创新实践班目前细分为电子信息工程专业和机械工程专业两个方向。❶ 后来在此基础上又发展出了"3+1+2+4"模式，即增加四年的知识产权博士生培养，完成学业后授予管理科学与工程学位。❷

（四）开启了协同培养知识产权人才的实践探索

重庆理工大学以产教融合协同育人模式培养了一批高素质的知识产权实务人才。重庆理工大学知识产权学院通过与中国知识产权培训中心、重庆市知识产权局、中兴通讯股份有限公司、深圳大疆、海尔集团、三一重工、阿里巴巴等单位深度合作，采用订单式培养、嵌入式教学、实战课堂等多种方式方法，逐渐形成了知识产权人才培养的产教融合模式，探索出了一条知识产权实务人才培养的新路径。

在协同培养模式中，国家知识产权局在 2014 年 4 月发起实施、中国知识产权培训中心具体组织的校企对接工程可谓是又一成功范例。该工程面向知识产权培训试点城市的在校大学生开放，通过中国知识产权远程教育平台的学习考试进行第一阶段的选拔，进入第二阶段后培训中心邀请了腾讯、360、小米、海尔、三一重工等知名企业和知名服务机构开展面授教学，让参与者

---

❶ 锁福涛. 理工背景知识产权人才培养的课程建设探讨：以南京理工大学知识产权创新实践班为例 [J]. 工业和信息化教育，2018（2）：78-83.

❷ 曹佳音，郝世博. 南京理工大学知识产权学院理工背景知识产权人才培养探索与实践 [J]. 工业和信息化教育，2018（2）：2, 95.

接受专业化、系统化的知识产权培训。❶ 该工程目标是培养适应企业和服务机构需要的复合型高素质的知识产权实务人才,从最初的 658 名学员,经过近 3 个月的混合式培训,层层考试、面试,最终选拔出 41 人参加线下集中培训。结业当天,41 名学员全部被企业现场"认领"或"预定",走上了实习岗位。❷

二、知识产权学历教育存在的问题

由于知识产权专业的一级学科为法学,且较早开始知识产权人才培养的是法学学科较强的院校,故知识产权法学人才培养从数量上占据了绝对优势。相较而言,进行管理类知识产权人才、国际型知识产权人才学历教育的院校较少,远不能满足社会需求。同时,由于缺乏知识产权人才培养较高层次的统筹规划,目前进行知识产权教育的一些院校还存在培养方向不明确、培养特色不突出的问题,这些院校既未实现知识产权人才的分层次培养,又没有充分发挥自身的学科优势,总体上呈现出一种杂乱生长的态势。

(一) 高层次知识产权人才的培养供给不足

在当前国际经济形势复杂多变,国际知识产权竞争激烈的大背景下,国家和大型企业急需具有丰富国际经验和能够处理国际事务的知识产权国际化人才。但是,目前开展知识产权学历教育的院校中,只有 8 所院校招收国际知识产权法硕士研究生,分别是:武汉大学在国际法学下设国际知识产权法研究方向,并在知识产权法学下设国际知识产权保护研究方向;北京外国语大学在国际法学下设国际娱乐与体育法、知识产权法研究方向;中国政法大学、西南政法大学、上海对外经贸大学在知识产权法下设知识产权国际保护研究方向;浙江工商大学、暨南大学在知识产权法学下设国际知识产权法研究方向;广东外语外贸大学在知识产权法学下设国际知识产权法研究方向。

---

❶ 李静. 高校多层次知识产权人才培养模式研究:以工科优势综合性大学为例 [J]. 河南科技, 2021, 40 (30): 113-115.

❷ 赵建国. 聚是一团火, 散是满天星: 2014 年首期知识产权校企对接工程的台前幕后 [EB/OL]. (2014-08-25) [2022-05-06]. http://elearning.ciptc.org.cn/public/site/banner/view/321.

而在博士研究生阶段，只有中国政法大学和西南政法大学在知识产权国际保护研究方向进行招生。此外，北京外国语大学在国际法律与区域治理博士的专业方向中提到了"跨国知识产权犯罪"的研究内容，勉强与国际知识产权博士人才培养相关。可见，目前知识产权国际型人才培养远远不能满足现实需要。

（二）中小学知识产权师资人才的培养缺失

2021 年国务院印发的《"十四五"国家知识产权保护和运用规划》中明确提出"知识产权普及教育工程"，推动知识产权普及教育进校园，支持大中小学开展知识产权基础性普及教育。这势必需要一批具有知识产权基础知识和宣传能力的知识产权师资人才，师范类院校应当承担起为中小学知识产权教育培养师资人才的重任。然而，目前我国仅有 16 所师范类院校开设了知识产权本科专业，其知识产权人才培养方案中并未明确培养知识产权师资人才的培养目标，在课程方案中也未体现师范专业特色的教育学、教学法等课程，培养中小学知识产权师资人才的学历教育严重缺失。

（三）复合型知识产权人才的培养存在瓶颈

尽管知识产权人才属于复合型人才已成为共识，但高校跨学科培养人才的体制机制却始终运转不畅，难以担当起复合型人才培养的重任。因为大多数高校并未实行全面的学分制，也未打破学科之间（尤其是法学学科和管理学学科），甚至是各学院之间管理层面的种种限制，导致复合型知识产权人才的培养难以进行。在知识产权本科教育中，辅修和双学位的复合型人才培养模式因学生学业负担过重，因此效果不佳。而知识产权第二学位因与硕士学位相比性价比较低而不受欢迎。如何探索有效的复合型知识产权人才培养模式依然是摆在高校面前的一个难题。

三、构建分层错落、优势互补的知识产权人才培养体系

笔者认为，解决上述知识产权学历教育存在的问题的根本路径在于，通过知识产权人才培养的顶层设计，建立分层错落、优势互补的知识产权人才

培养体系。在划定知识产权学历教育与非学历教育之间界线的基础上，从国家层面做好知识产权学历教育的整体设计。

（一）高层次和基础应用型知识产权人才培养的合理分工

1. 成立国家知识产权学院，培养高层次知识产权人才

一方面，汇聚全国高校、科研院所、大型企业知识产权领军人才组成国家知识产权学院主要师资，集中力量培养一批国家急需的知识产权高层次人才；另一方面，将各地知识产权学历教育基础雄厚的高校设立为国家知识产权学院分院，培养复合型知识产权博士，为高层次知识产权人才储备力量。

2. 规范基础应用型知识产权人才培养

针对目前开展知识产权本科教育的院校数量多、教学质量良莠不齐的现状，应当在《知识产权专业教学质量国家标准》的基础上制定知识产权本科人才培养的评价标准，以保证不同类型院校培养的知识产权本科人才能够达到基本的毕业标准，从而倒逼院校不断改善教学条件，提高教学质量，最终达到为地方培养合格的基础应用型知识产权人才的目的。

（二）发挥各高校优势，培养类型化、特色化知识产权人才

以知识产权创造、管理、运用、保护、服务为主线，结合高校学科历史、优势确定人才培养目标，重新规划各高校研究生的培养方向：理工类和艺术类院校侧重知识产权创造类人才的培养；农业类院校侧重植物新品种和地理标志人才的培养；经济类和管理类院校侧重知识产权管理、运用人才的培养；法学类院校侧重知识产权保护人才的培养；师范类院校侧重中小学知识产权师资人才的培养；外语类院校侧重知识产权国际人才的培养。此外，各院校应当挖掘自身专业特色，将知识产权与特色专业相结合，开设知识产权特色专业，服务社会。国家教育主管部门应当重新审核各院校知识产权研究生招生目录，要求院校标明知识产权人才培养方向，并定期考核。

（三）打破学科壁垒，培养复合型知识产权人才

知识产权内容的多重性与现代学科体系之间的冲突是知识产权人才培养中的一个难题。一些学者认为，"从培养方案设置、师资力量配置到学科评估体系的各个环节，知识产权学科建设业已成为复合型知识产权人才培养的掣肘"❶，进而提出建立知识产权一级学科或交叉学科的意见，但另外一些学者却质疑将"知识产权"升格为一级学科的科学性❷。笔者认为，不妨先放下知识产权独立学科之争，从高校的学分制改革入手，按照上述不同类型院校知识产权人才培养的分工和培养目标，整合院校已有资源，由各院系提供与知识产权有关的课程模块，设计科学的毕业学分要求，改革院校的教学管理，保障学分制改革的顺利实施，这或许是一条更加务实的打破学科壁垒、培养复合型知识产权人才的道路。

《知识产权强国建设纲要（2021—2035 年）》中明确了建成中国特色、世界水平的知识产权强国的总目标，并在建设面向社会主义现代化的知识产权制度、建设支撑国际一流营商环境的知识产权保护体系、建设便民利民的知识产权公共服务体系、建设促进知识产权高质量发展的人文社会环境等方面提出了具体要求。而这些要求的实现，都离不开知识产权人才的支持。《知识产权人才"十四五"规划》提出了 2021—2035 年知识产权人才培养的总目标、总任务，并把知识产权专业学位设置支持项目作为重点项目之一。高等教育部门应以此为契机，统筹规划，构建分层错落、优势互补的知识产权人才培养体系。高校应当担负使命，发挥优势，在人才培养方案和课程体系方面扎实工作，培养大批德才兼备的知识产权高素质人才。

---

❶ 张怀印. 复合型知识产权人才培养与知识产权交叉学科设置研究 [J]. 法学教育研究, 2021, 34（3）：53-66.

❷ 刘春田. 知识产权学科的性质与地位 [J]. 中国军转民, 2022（1）：13-21.

高校知识产权普及教育中的问题及对策研究

——以知识产权法公选课为切入点

▌李西娟

作者简介：李西娟（1983—），女，河北石家庄人，硕士，
　　　　　　讲师。研究方向：民商法知识产权教学与研究。

知识经济时代，知识产权已成为国家发展的战略性资源和重要保障，习近平总书记在中国共产党第十九次全国代表大会上的报告中明确指出："要倡导创新文化，强化知识产权创造、保护、运用等。"❶ 知识产权人才是实现知识产权创造、保护、运用的重要支撑，也是实施知识产权战略、创新驱动发展战略的前提和保障。我国不仅应加强知识产权专业人才的培养，同时应加强知识产权知识的普及教育。2008 年《国家知识产权战略纲要》提出："在高等学校开设知识产权相关课程，将知识产权教育纳入高校学生素质教育体系。"❷ 可见，知识产权素质已成为当代大学生应具备的综合素质之一。在高校中开展知识产权普及教育，积极探索提高大学生知识产权素质的有效途径和方法，培养具有知识产权素养的多学科背景的复合型、应用型人才具有重要意义。

笔者采取随机发放问卷和访谈的方式向石家庄学院选修知识产权法公选课的学生进行了调查。本次调查共发放问卷 65 份，回收有效问卷 60 份。通过统计，调查对象的专业背景集中在文学艺术类、工程类、法学、市场营销、计算机软件、机械、数字媒体类专业。调查内容主要涉及学生对知识产权的认知情况、知识产权的需求情况、知识产权法教学内容和方法、知识产权法教学效果四个方面。通过对调查问卷数据的整理和分析，梳理出目前知识产权普及教育中存在的问题，并提出相应的对策。

---

❶ 习近平. 决胜全面建成小康社会　夺取新时代中国特色社会主义伟大胜利——在中国共产党第十九次全国代表大会上的报告［M］. 北京：人民出版社，2017：31.
❷ 国家知识产权战略纲要［M］. 北京：知识产权出版社，2008：18.

一、知识产权普及教育中存在的问题

(一) 大学生知识产权认知能力和知识产权意识薄弱

截至目前，国家知识产权战略已实施 10 余年，国家在知识产权人才培养方面加大了资金投入和教育力度，大学生的知识产权意识在逐步增强。然而，本次调查结果显示，10% 的学生了解知识产权，学习过相关知识；26.7% 的学生对知识产权有一定了解；63.3% 的学生表示不太了解知识产权，甚至有个别学生不知道知识产权。从知识产权信息获取渠道方面来说，50% 的学生通过报刊、电视、网络等各种媒体获取；25% 的学生从专业知识学习获取；少数学生是通过与专家相关学者、专家、老师的交谈、请教和实践中学习等方式获取。以上数据反映出，目前大学生的知识产权认知能力和知识产权意识偏低；知识产权信息获取渠道呈现多样化趋势，以网络媒体、专业学习为主，以通过与相关学者、专家、老师的交谈和实践中学习为辅。因此，应充分利用现代信息技术，加大知识产权的宣传和教育力度，提高大学生的知识产权意识，营造尊重和保护知识产权的文化氛围。

(二) 现有的知识产权法教育难以满足学生的迫切需求

我国的知识产权高等教育起步于 20 世纪 80 年代中后期，经过 30 年的发展，目前全国建立了 35 所知识产权学院及 26 个国家知识产权人才培训基地，有 76 所高校设置了本科专业，有 200 多所高校正在培养涉知识产权的硕士研究生，有 50 余所高校正在培养设知识产权博士研究生。[1] 由此可见，目前的知识产权教育资源主要集中在专业人才的培养上，具体针对高校法学专业或知识产权专业本科或研究生的学生，并未覆盖全体大学生。本次调查结果显示，21% 的学生认为非常有必要开设知识产权法课程。74% 的学生认为有必要，只有 5% 的学生认为不必要。关于学生选修知识产权法课程的初衷，67% 的学生是为了学习知识产权法知识，35% 的学生是为了获取学分，20% 是为了

---

[1] 陶鑫良，张冬梅. 我国知识产权人才培养与学科建设的沿革回顾与发展建言 [J]. 中国发明与专利，2018 (4)：13-24.

参加创新创业、科技创新活动、各类竞赛活动做准备，少数学生有其他想法。可见，大学生有学习知识产权知识的强烈需求，现有的知识产权课程难以满足学生的强烈需求。

（三）现有的教学的方法、教学内容与专业教育的契合度较差，教学效果欠佳

知识产权法是一门新兴的学科，内容丰富，体系庞杂，主要包括著作权法、专利法、商标法及其他知识产权法律。著作权法主要运用于文学艺术领域，专利法与技术创新密切相关，商标法主要运用于商业活动当中。三大部分涉及领域相差甚远，相关的法律制度相差较大。另外，公选课学生专业背景各不相同。因此，为满足学生的多元化需求，提高教学效果，需要解决两个问题：第一，要加强教学内容和学生专业背景知识的契合度；第二，要加强教学方法与教学内容的契合度。现有的知识产权教学中，教师讲授的知识产权理论知识和实例与学生的专业背景相脱节，导致学生运用知识产权知识解决本专业问题的能力较差。另外，在教学方法方面，知识产权教学内容与教学方法的契合度较差。大多数教师沿用传统的讲授法、案例教学法，没有根据教学内容的特点采取适合的方法。如专利申请文件撰写部分需要结合专利申请文件实例对法条进行讲解，并重在培养学生的实际撰写和分析能力；商标的申请流程方面，用图示等可视化的方式更能清晰展示申请环节及各环节间的关系，比单纯讲法条效果要好得多。因此，传统的法学教学方法已难以满足教学需求，应采取多种教学法，提高教学方法与教学内容的契合度，提高教学效果。

（四）知识产权实践教学环节薄弱，学生的实践能力有待提高

知识产权是一门实践性强的学科，因此在理论教学过程中要重视实践教学环节。目前，在知识产权法教学过程中，教师往往重视基础知识的灌输，忽视实践能力的培养，导致学生分析问题能力、实际操作能力偏低。在本次调查中，48.3%的学生认为在教学过程中，理论学时和案例分析、实际操作等实践学时应各占50%；26.7%的学生认为理论学时应占60%，实践学时应

占 40%；16.7% 的学生认为理论学时应占 70%，实践学时应占 30%；8.3% 的学生认为理论学时应占 80%，实践学时应占 20%。可见，大学生要求增加实践学时的呼声很高。

二、推进知识产权普及教育的改革措施

（一）加大知识产权宣传力度，提高大学生的知识产权意识

要增强公众的知识产权意识，就有必要从增加与知识产权有关的信息供应量着手，而增加信息供应量最常用的方法便是进行舆论宣传与教育。❶ 高校作为知识产权人才培养基地，理应承担起知识产权宣传和教育的重任。因此，高校应重视知识产权教育，加大知识产权的资金投入和建设力度，通过开展多种形式的知识产权宣传和教育，多渠道传播知识产权知识。可充分利用每年的知识产权宣传日活动，组织开展知识产权系列讲座、知识产权知识竞赛、知识产权征文比赛、分发知识产权知识宣传册等系列活动，引导学生对什么是知识产权、知识产权的重要性、知识产权与专业的联系、如何保护知识产权有一个基础的了解，培养学生的知识产权意识，营造浓厚的知识产权文化氛围。

（二）创新知识产权普及教育模式，提高知识产权教育的覆盖率

目前，部分高校开设了知识产权法公选课程，基于选课人数限制，每学期只有 100 多名学生能够接受知识产权教育，因此，传统的课堂授课或培训学生覆盖率低，难以满足普及教育的需求。而知识产权远程教育通过线上学习、辅导、测试的方式完成整个教学过程，打破了传统教育的人数及空间限制，大大提高了学生受众率，越来越受到高校的推崇。2018 年 5 月，中国知识产权远程教育培训河北子平台通过国家知识产权培训中心审核并顺利签约，正式拉开了河北省知识产权远程教育培训工作的帷幕。石家庄学院作为河北省知识产权培训基地负责河北子平台的运行，同时作为六家准分站之一，这为石家庄学院开展知识产权远程教育提供了契机。

---

❶ 何华. 知识产权意识的制度经济学分析 [J]. 中南财经政法大学学报，2007（6）：27-30.

知识产权法作为知识产权普及教育的基础课程，具体应以什么方式开设？通过问卷调查发现，41.5%的学生认为以公共基础课开设，15.1%的学生以专业必修课开设，13.2%的学生认为以专业限选课开设，30.2%的学生认为以公共选修课开设。前三者加起来高达 69.8%，说明本课程具有作为通识教育的必要性；认为应作为专业必修课或者专业限选课的学生占比达到 28.3%，这部分学生主要涉及机械、计算机技术与科学等理科专业，说明知识产权课程与理科专业有强相关性。30.2%的学生认为以公共选修课开设，并认为是目前高校知识产权普及教育采取的主要形式。由此可见，知识产权法作为通识课的呼声高于公选课。应该说，知识经济时代对大学生的综合素质提出了新的要求，知识产权素质越来越成为大学生的重要素质之一。

综上所述，不同的高校、不同的专业，具体以什么方式开设知识产权法课程应根据具体情况而定。笔者认为，高校可首先考虑开设知识产权法公选课，条件成熟的可开设知识产权法公共基础课。鉴于理科专业与知识产权的强相关性，建议以专业必修课的方式开设。诚如英国学者罗奇（Roach J.）等所说："理解和应用知识产权是工程技术人才应当掌握的核心技能，……知识产权法课程应当是工程技术人才的核心课程而非边缘课程。"❶尤其在"新工科"建设背景下，大数据、人工智能与知识产权密切相关，知识产权法课程的作用日益凸显。

（三）加强教学方法与教学内容、专业教育的契合性，提高教学效果

针对知识产权涉及领域广泛，学生专业背景不同，学生需求呈现多元化，为加强教学内容和专业需求的契合度，笔者在开设知识产权法公选课时尝试了模块化的教学模式，即"理科专业+专利""文学艺术类专业+版权""市场营销类专业+商标"的三种知识模块组合。每个模块组合在具体内容安排上，分知识产权政策解读、基础理论知识、应用及实际操作三个层次，通过三个层次内容的相互渗透和融合，全面提升学生的知识产权宏观视野、理论基础知识、实践操作技能。在教学方法方面，根据教学内容，尝试了灵活运用多

---

❶ 徐升权. 全日制工程硕士"知识产权"课程建设研究 [J]. 学位与研究生教育，2012（11）：17-21.

种教学方法，知识产权政策解读采取讲授加视频播放的方式，基础知识采用讲授加分组讨论法，知识应用及实际操作层面采用案例讨论、情景模式法、绘制流程图等方法。教学方法的改革也得到了学生的认可，调研结果显示，68.6%认为知识产权法宜采用讲授法、案例讨论法、实际操作模拟法等多种方法相结合的形式。同时，充分利用现代网络技术，通过建立QQ群，实现线上的电子课件、案例资料、问题解答、知识产权最新动态资料的共享，建立了全方位的、立体化的教学模式，有效提高了教学效果。本次调研结果显示，通过学习本课程，81.7%的学生增强了知识产权意识，46.7%提高了用知识解决实际问题的能力，33.3%的学生了解了知识产权与本专业的关系，36.7%的学生继续学习知识产权知识，并将其作为以后的工作方向的意愿；26.7%的学生有制作小发明申请专利的意愿；20%的学生有参加创新创业竞赛的打算。可见，教学方法与教学内容的改革效果明显。

（四）突出知识产权实践教学，提高学生的实践能力和创新能力

为提高学生的实践能力和创新能力，高校应不断创新实践教学模式。笔者认为，具体从以下几个方面进行改革。

1. 加强知识产权法教学内容的实践性，提高学生的实践能力

在教学内容上，首先，不断强化实务内容的引入，比如国内外最新的案例、立法动态、社会热点问题及实务操作规范等。其次，加强知识产权法教学与毕业论文等实践环节课程的衔接，引导学生撰写知识产权类毕业论文，促进不同专业知识与知识产权深度融合，比如管理类的学生可以撰写知识产权管理类的论文，理科专业的学生可以撰写某一技术领域知识产权保护问题等，立足不同领域，多角度、多维度地探讨知识产权问题，更容易发现新问题，提出创新性观点，提升论文写作质量。

2. 强化教学内容与创新创业教育衔接，为创新创业教育服务

随着国家创新驱动发展战略的实施以及"双创"工作的深入推进，大学生创新精神和创新能力的培养已成为各高校人才培养的战略性问题。为此，

各高校非常重视大学生创新创业教育，将创新创业教育纳入课程体系中，鼓励学生参加各类创新创业和及科技竞赛活动。知识产权制度是创新成果的有力保障，掌握知识产权知识可以用作创新成果保护和转化的有力武器。本次调研结果显示，70%的学生表示知道用知识产权法保护创新成果，30%的学生表示不知道。68.4%的学生表示不知道用何途径保护创新成果，31.6%的学生知道，充分说明学生对创新成果的保护意识淡薄。因此，应加强教学内容与创新创业的衔接，培养学生在创新创业中运用知识产权保护和运营创新成果的观念和意识，

3. 充分利用实践教学基地，提高实践教学效果

实践教学基地是开展实践教学的重要场所，也是提高教学效果的重要途径。

本次调查结果显示，近70%的学生建议在教学过程中安排一至两次到实务部门参观、学习的机会。因此，可利用知识产权教学基地，让学生通过实地观摩、见习等方式了解知识产权在实务工作中的运用，感受知识产权在创新成果创造及保护、运营、转化、推广中的重要作用和价值。同时通过实践教学，提升学生对知识产权工作的兴趣和爱好，为学生就业提供一个新的方向和领域，为知识产权专业人才的培养和储备发挥积极作用。

知识产权法律诊所人才培养运行机制研究

■ 郑璇玉

作者简介：郑璇玉（1974—），女，福建泉州人，法学博士，中国政法大学副教授。研究方向：知识产权。

　　法学教育历来是法治国家、法治社会的基础，更是一门实践性很强的学科。将法学教育中获得的法学知识融入法学实践教学中加以运用，并将实践教学中收获的知识反馈到法学知识中，完成对法学知识的吸收、深化和补充，构成了法学教育的完整循环，也完成了认识从实践始，经过实践得到理论的认识，还须再回到实践中去的唯物主义检验目标。❶

　　作为实践法学教育的先行者，中国政法大学知识产权法律诊所至今已走过了十余年的时光。其一直保持法学教育与实践相结合的特色，在法学教育实践中取得经验的同时，也见证了法学教育在中国的发展。❷ 本文以此为基础，阐述知识产权法律诊所在高校创新型人才培养上的探索和实践。

一、知识产权法律诊所运行机制中的"人"与"知识"

　　"机制"原指机器的构造和工作原理。"机制"也可以进行这样的理解：第一，事物各个部分的存在是机制存在的前提，因为事物各个部分的存在，就有一个如何协调各个部分之间关系的问题；第二，协调各个部分之间的关系一定是一种具体的运行方式，机制是以一定的运作方式把事物的各个部分联系起来，使它们协调运行而发挥作用的。因此，法学人才培养与实践结合的机制就是在法学教育现有的框架下，根据法学教育的规律，在教学活动中整合各种类型的实践教学模式和资源，研究法学知识与实践教学之间的结构、功能及其相互作用和作用方式。在整个知识产权诊所运行机制当中，"知识"

---

❶　毛泽东选集：第 1 卷［M］. 北京：人民出版社，1991：292.
❷　刘瑛. 知识产权法律诊所之运行研究［M］. 北京：中国政法大学出版社，2017：2.

与"人"变成两个变量。知识依照不同的教学活动和实践教学模式产生不同层次和不同角度的理解以及不同学科的融合。"知识"来源于实践教学中的"人",因此"人"在机制运行中起到关键性的作用。不同的"人"对知识和资源以及对法律诊所实践教育意义的不同理解,均影响机制的有效发挥。因此,调动"人"的积极性并适度地协调"人"的作用,成为法律诊所运行的难点和创新思考点。

（一）在注入"人"的变量时法律诊所"知识"的变化

法律诊所的知识获取不仅仅是教授与被教授的二维角度,而是教授与被教授者将知识运用于实践并反过来作用于学习的一个完整过程。在"人"以定量存在时,这个过程由两个部分的学习组成。

第一个部分是将在法学教育中获得的法学知识运用到实践中。传统的知识产权课程讲授的内容,以基础理论为主。这种讲授方法的特点是体系化、抽象化。由于学生的认知环境为课堂,对于这一部分知识仅限于以语言描述为主的较抽象的理解。当进入复杂的实践环境时,知识接受者的理解便会显得杂乱和没有重点,即通常所说的"理论与实践脱节"。为了解决这个问题,目前在高校的课堂中均可查询以数据库、实际庭审视频等多种方式再现的资料,学生可以通过文献查阅或观看视频等方式加深对知识点的理解。然而,学生在"人"这一变量和知识的作用环节上仍然是旁观的和被动的。即知识仍然以传统的传授方式进行,学生仍不是有效参与其中的"人",只是获得知识的手段更为多样。学生也不能充分理解自己作为其中的"人"的所需和将自己的"人"的定位联想到所吸收的知识中去。可以想见,在这样的一个知识到实践的运行中,"知识"与"人"均不是变量,知识也不能和实践有效结合。

第二个部分是将法学实践教学中所获得的法学知识回归到传统的法学知识中来。这个部分通常由学生在社会的实习和在今后的工作实践中来完成。学生受限于年龄和人生阅历,难以对知识进行有效检验。并且在进行知识的实践检验时,学生也易发生"所学与所需"的脱节,导致实践对知识检验的滞后。

在评价上述两个部分的作用时，第一部分有传统的高校教育为依托，条件较为成熟，而第二部分则存在明显的缺陷。将第二部分中知识的实践检验结合到课堂中来，这种结合的模式、方法、学生的理解、教学环境等均成为制约诊所法律教育实施的因素。诊所法律教育开展得是否顺利、有效，往往与学校、诊所、教师、学生等的人脉关系分不开的。[1] 可以这样理解，由于"人"以定量的方式存在，"人"的位置和知识的获取、应用均相对固定，因此实践法学教育通常给人的感觉是"课堂+实习"的二点协调模式，既不能改善第二个部分的制约，也不能注入以法学作用于实践，以实践检验法学的创设目的。

当将"人"设定为变量时，二点协调模式发生了改变。在第一部分，将所学的法律教育知识运用到实践中去的环节，"人"吸收了实践部门人员的身份。与传统的授课方式相比，实践部门的讲授人在引导学生用知识去解决实践中出现的问题时，其对同一知识点的讲授产生了侧重点的转变。同样的知识点，由于"人"的来源不同，讲授的内容也不相同，并且产生的思考模式也不一样。比如对"知识产品"的界定，"人"如果来自司法系统，他们通常会将其定义为"公有与私有的关系"；而来自中关村高新技术企业的"人"则会将其定义为"可供发展和生存的集合体"，并与竞争相联系。同时，在与实践发生结合时，传统理论忽略的部分或者没有展开的部分在来自实践的不同参与人的作用下会得到充分的阐释。

除此之外，这个"人"还包括诊所参与的学生。在知识运用于实践时，参与的学生会在学习时注入自己对知识的理解，并在知识经过实践检验之后进行新的思考，特别是引发对"法律人""人的定位"以及"人与社会的运作"等人文命题的思考。

在第二部分将法学实践教学中所获得的法学知识回归到传统的法学知识中时，由于"人"在实践中的需求不同，可能因此使固有的知识讲授的侧重点产生调整，增加不同的内容。同时，实践中的需求也会使得课堂的讲授变得不可预控。例如，在实践中常会遇到到诊所寻求帮助的当事人，因此最初

---

[1] 王晨光，张超. 中国诊所法律教育运行现状与可持续发展 [C] //实践性法学教育论丛：第4卷. 北京：知识产权出版社，2015：9-10.

设定的知识讲授内容会因当事人的介入而发生改变，这一点与固有的教案式讲授方法存在很大差异。又如，当学生变成讲授人时，更可能带来他们在实践中获得的技能、技巧，甚至带来企业成长、企业所需等市场命题。此时，原本主导的"人"由教师、企业主管等就转变为观察学生活动的旁观者和考察学生知识方向的考察者。

第一个部分与第二个部分的有效衔接依靠的是成熟的知识运行机制。机制像一个链条将两个部分有效地整合起来，既可以保障学生在诊所教育结束之后完成从实践到理论抽象的过程，还可以调动学生在这个过程中自主地去类比和引申相关知识点，并主动地发现解决问题的有效途径。

(二)"知识"应用范围的扩大和对"人"的理解的时代需求和学科要求

诊所的运行机制适当地解决了"知识"的扩大和"人"的不同要求。在不同语境下，特别是不同学科背景下法学知识与其他学科知识进行交融时，"知识"发生了应用范围的扩大。这种变化不仅是学科知识输送的要求，同时也是时代的要求。首先，知识产权本身的特点决定了"知识"应用范围的扩大。知识产权科学是由知识集合和聚集而产生的一门法学科学。知识由信息上升而来，经过人的理解和固定而形成，其特征之一即不发生损耗。知识随着传播，不仅不发生亏欠，反而会随着时代的发展和传播的扩展而发生自我更新和创新，并形成知识的膨胀。这一过程也是知识的自我完善、自我更新和自我发展的过程。其次，诊所的运行特点也决定了知识的应用范围在不断扩大。诊所课与案例分析课、案例研讨课的不同之处在于，它是以正在进行中的事件作为教授的对象。通过与实践的有机结合，知识应用范围可能会延展到知识产权在市场中的竞争力、在未来国家的影响力和在世界经济中的判断力等方面。正如美国诊所教育学家所预言："21世纪，法学院将会意识到它们的重要职能是为学生提供从实习中获得学习法律的有效方法的系统训练，人们拓展诊所法律教育，从方方面面去扩大法学教育。"❶ 最后，知识的应用范围的扩大是时代的要求。习近平总书记明确提出了法治人才培养的目标任

---

❶ 杨欣欣. 法学教育与诊所式教学方法 [M]. 北京：法律出版社，2002：84.

务，强调"没有正确的法治理论引领，就不可能有正确的法治实践"。法学学科实践性强，要处理好知识教学和实践教学的关系。要打破高校和社会之间的体制壁垒，将实际工作部门的优质实践教学资源引进高校，加强法学教育、法学研究工作者和法治实际工作者之间的交流❶。

从市场应用和时代契机来看，法学学科必须实现与其他学科的融合。这种融合已经不单纯是学科之间的交叉，而是"知识"和"人"的流动。

在这样的时代背景下，学科之间的融合、理论知识与实践的融合是否就不存在障碍了呢？目前，中国政法大学在知识产权专业知识与其他学科的融合上取得了一些经验，最重要的融合来自专业知识和产学研方面的理论研究。知识产权专业以中国科技法学会为依托，部分研究集中于知识产权促进科技进步、引领人才培养和国力增强等方面。这里，对应的国外研究来自鼻祖性的案例，即斯坦福大学的科技成果的转化❷，而知识产权与科技成果之间的关系也以美国《拜杜法案》为经典❸。同时，中国出台了《中华人民共和国促进科技成果转化法》等推动科技成果转化。尽管如此，理论教学和实践教学的融合仍然存在一些问题。这其中，最主要的障碍在于中国政法大学的学科设置是以人文社会科学为主，在科技成果转化的研究上，学生难以有效地介入。而知识产权法律诊所的运行机制，可以适当地弥补这方面的不足。以上述经验为例，诊所由于其开放性的结构，在引入产学研的"人"和活动后，依托北京的科技优势和政治、文化的战略地位，可以将学生以"人"的身份带入一线开展并完成前述研究。大数据时代，高校法学人才培养应当转向能够解决实践问题的创新型、复合型人才的培养。虽然诊所运行机制不可能一揽子解决教育规划、学科设置的矛盾，但是还是能在一定的范围内让学生获得复合型知识自主学习的内在动力。

在与实践融合的过程中，知识的应用还拓展到"人"在社会中的思考。

---

❶ 习近平. 立德树人德法兼修抓好法治人才培养 [EB/OL]. （2017-05-03）[2018-10-28]. http://www.wenming.cn/specials/zxdj/xjp/xjpjh/201705/t20170503_4220315.shtml.

❷ 世界名校斯坦福的技术转化模式：能否被中国高校所复制？[EB/OL]. （2016-06-26）[2018-10-30]. http://www.360doc.com/content/16/0626/20/27398134_570956082.shtml.

❸ 《拜杜法案》由美国国会参议员 Birch Bayh 和 Robert Dole 提出，1980 年由美国国会通过，1984 年又进行了修改。后被纳入美国法典第 35 编（《专利法》）第 18 章，标题为"联邦资助所完成发明的专利权"。

过往实践显示，学生们会思索"人"的社会责任等人文命题。法学教育在培养学生法学知识，培养法学复合型人才的同时，也包含培养坚定的爱国者，胸怀远大、有中华民族情感、勇于担当的知识者。习近平总书记强调院高校法学人才培养应当"德法兼修"。在当下信息发达以及互联网广泛运用的时代，以实践的活动去体会社会，了解社会矛盾的根源，了解一线法律人的坚守，了解市场环境的竞争和复杂，能够让学生懂得坚持和坚守的意义。这也是知识产权法律诊所将理论知识与实践相融合，加入"人"的变量之后的另一成果。

二、知识产权法律诊所实践教学运行机制的有益尝试

中国政法大学知识产权法律诊所提出在课程中注入"知识"与"人"变量的设想，并在每一期诊所教育中对设想进行验证和改进。诊所从创始之初到提出设想经历了八年，从提出设想再到验证设想至今也已践行了四年。

(一)"双循环"运行机制的有益尝试

为了实现将课堂知识带入实践，并将在实践中获得的知识带回课堂的命题，法律诊所自第 21 期开始实行"双循环"机制。双循环机制历经了几种尝试。第一种尝试是将课堂教授的处理法律实务的理论依据、技能技巧运用到基地实践中去，然后在课堂上进行反馈和讲解，实现课堂教学与基地实践的紧密结合，相互促进。但是由于本周的理论授课和理论问题需要在下一周的实践中检验，而实践中信息的反馈只能在第三周的课堂进行讨论，理论的教授和讨论间隔一周，不利于知识的及时吸收、消化。经过改进，知识产权诊所试行第二种尝试，即预设主题，将所学知识在实践中检验，并将其带回课堂。但是由于实践部门的问题，常产生实践主题与预设主题不同的情况，带回课堂的展示成了一个过时展示，导致与案例研讨课课程的重复。目前，知识产权诊所试行第三种尝试，即将参加实训的学生分为不同的群，在不同的群中加入不同的"人"，比如法官、律师以及企业界人士等。学生可以根据实践的主题和遇到的情况随时变换主题。实践证明，课堂与主题的设定多变，是一种较为成功的机制的创新。

在这一机制创新中，为了实现"人"和知识的多元培养，我们特意安排了志愿者服务一项环节。在通常的法律援助中，志愿者服务是公益性的服务，主要是为符合援助条件的对象提供帮助。而诊所多元培养的特色在于，诊所教育虽然也是公益性的服务，但是诊所并不拒绝不符合法律援助，但是也需要提供帮助的人。这里，诊所将培养目标更多地定位于实训单位的服务窗口。诊所的教育设想是在给予学生与专业匹配的实践平台上，更多地实现对学生人格的培养，使得原本只有"筋骨"的法律获得人文关怀的温度。诊所要求学生至少要具备三种力量：一是人格的力量。诊所人自身的人格魅力能使当事人情绪平复，并产生信任感。二是智慧的力量。诊所人必须思维敏捷，反应迅速，及时地寻找当事人的问题焦点，以及可行的解决方案，并寻找适当的路径提供给当事人。三是情感的力量。诊所人应当以情动人，了解当事人的感情，却又跳出其中，保持客观、公平和公正的心态去解决矛盾。

（二）多元化的"人"注入课堂学习

在知识产权法律诊所运行机制的研究上，我们一直设想将更多的"人"注入课堂的知识传授。在目前，一方面，我们根据学生的兴趣点选取知识产权方面具有代表性的法官、律师、知识产权代理人、知识产权管理组织、知识产权交易中心等方面的人士前来诊所举办讲座和答疑；另一方面，以"人"的参与转换课堂学习的方式。从第 24 期知识产权法律诊所开始，我们设立了"雨课堂"。在"雨课堂"的后台可以准确地知道学生的预习人数、兴趣点等，"雨课堂"的所有课件，参与诊所学习的学生都可以扫码观看。这样，同学们在课堂上抬头观看教师的 PPT 的同时，也可以通过自己的手机查阅相关内容。在"雨课堂"中，学生可以通过发出弹幕进行留言或发表自己的观点，与教师进行互动。同时，学生也可以在"雨课堂"中转变身份，转变成知识的传授者和传播者。

多元化"人"的注入，还包括以多种"人"的身份参与社会热点问题的讨论和重大社会活动。在世界知识产权日、志愿者服务活动中，知识产权诊所将课堂设在社区，设在北京市志愿者服务平台，甚至设在希望获得帮助的当事人自行寻找的场所，包括住所。参与的人从传统的诊所参与人加入了参加活动的不同人群，他们也从各自的角度表达了对讨论问题的观点，使课堂学习变成了讲座或者访谈。上述多元化"人"给诊所运行带来了活力，使得参加法律诊所学习的同学大有收获。他们认为，这种以实践带动知识，以"人"来扮演多种角色的尝试是一种全新的实践体验，也是他们在诊所学习时最有收获的过程。

在多元化"人"的角色注入时，我们还吸收了诊所往期毕业的学生。诊所至今已经进行了十多年的教学活动，诊所的早期毕业生有的已经在工作岗位独当一面。他们会以他们的求学和求职历程来到诊所帮助现在正在诊所学习的学生开展多元化"人"的教育，而现任诊所学生更是从他们的经历看到知识产权诊所"人"的骄傲和色彩。

知识产权法律诊所的实践教学运行机制完善本身就是一个不断创新的过程。目前，法律诊所每期的教师配备是三个，类似于法官、法官助理和书记员的配比，但是三个人的职称、学历分配远远高于同等教学水平，职称分配上分别由教授、副教授和博士后承担，而在社会职责上则实现了律师、教师、司法鉴定人、人民调解员、兼职法官等不同身份的担当。同时，为了实现"人"的有效注入，诊所还特聘了许多兼职诊所教师，比如中关村企业高级管理人员、品牌研究院的人员、最高人民法院以及北京知识产权法院的法官等。因此，法律诊所的教学学科方向上呈现法学、管理学、经济学等不同的实践性学科背景。为了使得实践基地的教学内容进一步丰富，不负文化职能，诊所还在扩大兼职队伍，比如编剧、网络文学创作人等，期望通过"人"和"知识"的注入，真正实现诊所的运行机制设想，并践行国家所倡导的法学教育的目标。

总体而言，作为创新，知识产权法律诊所的人才培养运行机制仍然在探索和完善中。诊所每一期的"理论知识与实践的融合，知识在实践中检验再回到课堂中"都在根据实际情况进行调整，这也是法学知识与实践教学融合的必然过程。作为机制的研究，适时地归纳实践教学在法学知识运用中的作用，构建法学知识与实践教学的教育模式，改进法学知识在实践运用中的脱节、障碍问题，克服目前实践教育模式范围还较窄和教育质量不尽稳定的缺陷，从而为法学知识的熟练运用提供可借鉴的资料，使法学知识的理论教育得以强化，实现法学教育的效益最大化。在国家倡导无障碍的法律实践能力，打破高校知识教育的壁垒的方向下，在"互联网+"的时代，"人"参与，"人"互联，实现高校的知识与实践之间的多点吸收、多向联系应当是教育未来的方向，也是法律诊所一直努力的方向。知识产权法律诊所人才培养的运行机制为此仍然在不断地研究和完善中。

政校企协同创新培养知识产权实用人才路径研究与实践

——以邯郸职业技术学院为例

白敏植　张长声　张　伟　史平臣

殷艳芳　高　燕　宋泽波

作者简介：白敏植（1964—），男，河北隆尧人，博士，教
授。研究方向：科技与经济协调发展理论与方法，
高职教育管理。

一、问题的提出

强化知识产权保护是党中央、国务院实施创新驱动发展战略、加快建设创新型国家的重要战略举措。2008 年以来，国家颁布了《国家知识产权战略纲要》《关于新形势下加快知识产权强国建设的若干意见》等重要文件。2016年，河北省提出"实施优秀知识产权人才培养工程，培养一批知识产权高层次人才、知识产权实用人才和满足企事业单位工作需要的专门人才，建设一支多层次复合型知识产权人才队伍。"

但是，从河北乃至全国来看，相当数量企事业单位的知识产权运用与保护意识仍显淡漠，各地中小城市、中小企业、事业单位知识产权实用人才和专门人才尤为短缺。如《河北省专利事业发展"十三五"规划》指出，专利资源利用程度不够高，企事业单位创造和运用专利能力和水平有待加强，知识产权服务业发展滞后等。《邯郸市"十三五"知识产权事业发展规划》也指出，相当数量企业知识产权意识淡漠，专利数量较少，90%的企业没有专利，各类知识产权管理人才短缺等。目前，河北省只有两所本科院校开设知识产权专业，主要依托法学专业，其教学内容基本为法律课程，倾向于学术化、理论化培养，导致学生无法胜任需要以理工科为知识背景的知识产权实务工作。而且招生数量呈逐年下降趋势，其中一所院校已经停止招生。为解决知识产权人才培养问题，各地知识产权管理部门开展了各类短期培训，但仍无法系统进行知识产权人才培养。

针对知识产权实用人才短缺和培养难题，邯郸职业技术学院于 2015 年作为全国第二家、河北省首家创新性开始了政校企协同合作培养知识产权实用人才的探索实践，以满足区域科技创新驱动发展对知识产权实用人才和专门人才的需要，并在体制机制、生源就业、培养模式及社会效益等方面取得了突出成效。

二、创新建立政校企合作共同体人才培养模式

2015 年以来，学院边探索实践边理论总结，走出了一条政校企协同创新培养知识产权实用人才的新路子，并针对传统知识产权人才培养存在的问题，创新性提出"政府主导+学院主教+企业主训"政校企合作共同体人才培养模式。

（一）体制、机制上以政校企合作共同体为保障

强化知识产权保护、推进区域创新驱动发展已经成为地方政府的重要战略举措，邯郸市政府更是做出了加快推进国家知识产权试点市建设部署安排。区域创新驱动发展的主体是企业及科研部门，其中知识产权实用人才对助推企业创新能力及提升企业核心竞争力具有十分重要的作用。为区域经济社会发展培养迫切需要的各类实用人才是高职院校的社会使命和责任担当。可见，政校企具有合作培养知识产权实用人才的迫切内在动力。学院主动而为，积极争取政府和企事业单位共同参与知识产权实用人才培养，共同打造"政府主导+学院主教+企业主训"的政校企合作共同体人才培养模式。邯郸市政府知识产权主管部门出政策、提供资金支持并参与学生管理和协调三方合作，学院提供教学实训场地实施日常教育管理，相关企事业单位出生源、管就业并为职工接受学校教育提供时间保障和岗位实践，政府主导学院主教、企业主训共建邯郸知识产权学院，打造政校企合作共同体，为学院培养知识产权实用人才提供了长效和可靠保障。

（二）人才培养实施方式上实现在学在岗有机结合

知识产权实用人才培养以有理论、懂业务、通专业、擅实务、会管理的知识产权复合型人才为目标，如果按照学生全学年在校学习培养的传统方式

是根本无法实现这一目标的。基于知识产权实用人才培养目标需要以及学生具有工作岗位的实际，应当以在学、在岗有机结合的工学相融方式实施人才培养，实现企业正常工作不受影响和学院人才培养目标能够实现的最佳效果。如教学模式实行工学交替，每月集中授课一周，其余时间企业顶岗工作；成绩考核实行综合评价，实践课时比例占 80% 以上。

（三）人才培养教学内容上实现知识产权实务课程体系和实训体系有机衔接

政校企合作共建知识产权学院旨在为企事业单位培养知识产权经营管理实用人才，助推企业提升核心竞争力和实现区域经济创新驱动发展。因此，人才培养内容必须在知识产权实务上下功夫，以克服重理论偏学术的传统知识产权专业人才培养重点。为实现实务教学培养需要，在课程体系上学院主要开设知识产权政策法规、企业知识产权经营与管理等知识产权实务课程；学院高度重视实训体系建设，如建立了集专利检索、专利分析于一体的知识产权检索实训室，设立了虚拟法庭—专利速裁厅等；施教及实践指导教师均具有知识产权一线实务经验。依托知识产权学院师资、基地、教学资源等为学院师生和社会提供知识产权申请、维权等服务，为社会开展知识产权培训和远程教育服务，让知识产权师生在对外服务中进一步接受实践锻炼和提升综合素质能力。

三、分步实施，政校企合作共同体人才培养模式初见成效

（一）做好顶层设计，政校企共建邯郸知识产权学院

2014 年 12 月，邯郸市委、市政府出台《关于实施创新驱动战略强化科技支撑引领的意见》，并提出要"加快推进国家知识产权试点市建设"。学院以此为契机开始谋划政府支持下的政校企合作培养知识产权实用人才和专门人才工作，并于 2015 年 10 月制订完成相关人才培养方案。2016 年年初，学院联合邯郸市知识产权局面向邯郸市知识产权优势企业、高新技术企业和科技型中小企业开展招生，并向邯郸市政府提出以邯郸市科技局为主导开展政校

企合作共建邯郸知识产权学院的建议报告。2016 年 12 月，邯郸市政府出台《关于加快知识产权强市建设的实施意见》，并明确提出要"依托邯郸职业技术学院，联合知识产权优势企业，探索政校企合作共建邯郸知识产权学院。培养一大批有理论、懂业务、通专业、擅实务、会管理的知识产权复合型人才，助力创新创业发展"。2017 年 7 月，邯郸市机构编制委员会办公室批复邯郸职业技术学院挂牌成立邯郸知识产权学院，以支持创建国家知识产权示范性城市和培养知识产权实用人才。

(二) 强化政校企协同合作，创新知识产权实用人才培养模式

学院改变传统招生观念，确立"三高"人才培养理念。即从招生到施教再到毕业考核坚持高起点招录、高水准施教与高标准毕业考核的知识产权实用人才培养理念。高起点招录即改变从高中或者同等学力人员中招录学生的传统做法，生源一般要求具有企事业单位岗位经历及理工类教育背景；高水准施教即主要授课内容要求实务性强、主要任课教师要具备知识产权实务经历、实践教学条件要与实务性人才培养高标准匹配；高标准毕业即毕业考核时将专利申请、商标注册等知识产权参与情况作为学生毕业必备考核指标，并实行"一票否决"。

人才培养生源主要面向企业，培养经费主要由财政承担。学院知识产权实用人才的培养重点是企事业单位急需的知识产权挖掘、培育、管理和中介服务人才。2017 年和 2018 年，学院面向邯郸市知识产权优势企业、科技型中小企业及事业单位具备理工科教育背景的职工，通过单独招生考试，先后招收知识产权学历班学员 42 名和 76 名，学员全部来自晨光生物公司等市知识产权优势企业，其中具有本科和研究生学历的学员占比达到 43%。人才培养经费由市财政承担 80%，学院减免 20%。市科技局每年从知识产权专项经费中划拨 40 万~60 万元用于人才培养。2017 年 9 月，河北省知识产权局支持知识产权人才培养基地专项资金 30 万元。

人才培养教学方式实现工学结合，教学管理实现政校企三结合。教学模式实行工学交替，每月集中授课一周，其余时间在企业岗位工作。日常教育教学管理上，学院为知识产权班配备班主任，主要负责日常教学管理，邯郸

市知识产权局配备专门管理人员予以协助，企业则强化知识产权学员离岗学习考勤。

（三）政校企合作完善软硬件建设，保障知识产权实用人才培养质量

政校企合作制订人才培养方案，课程设置突出知识产权实务操作。学院与邯郸市科技局、知识产权局深入合作，针对企业知识产权人才需求进行调研，不断完善人才培养方案和学员培养管理办法，以适应邯郸市中小企业事业单位对知识产权实用人才的需要。人才培养课程设置上除专业基础课以外，主要开设企业知识产权经营与管理、知识产权政策法规、知识产权金融创新、知识产权诉讼、专利文献检索、专利申请实务、专利审查等知识产权实务课程，并根据知识产权最新发展适时开展相关讲座。

建立知识产权专兼职教师资源库，围绕实务培养改善教学实践条件。强化校内文法系教师外出知识产权实务培训，并引导学院具有理工科背景的青年教师参加专题培训，考取专利代理师资格，从事知识产权教学工作。从知识产权管理部门、专利事务所、知识产权优势企业等单位吸收知识产权业务骨干，兼职担任专业课及实习、实训指导教师。为强化知识产权专业学生实践技能，投资 50 万元改善知识产权教学实践场所性能和条件，建设了面积达 80 平方米的集专利检索、专利分析于一体的专利检索实训室等，构建了比较完善的校内实训体系。2017 年 9 月，邯郸知识产权学院被省知识产权局确定为河北省知识产权人才培养基地建设单位。

（四）坚持开放办学，实现大学培养、远程教育和社会服务有机结合

学院通过拓展邯郸知识产权学院功能，广泛开展知识产权社会服务，既提升了学院知识产权实用人才培养能力水平，又扩大了邯郸知识产权学院的社会影响。

政校企合作打造知识产权社会服务平台。学院引进北京恒合顿、石家庄元鑫等 7 家专利事务所，与市知识产权局共建河北省（邯郸）知识产权服务中心、快速维权中心、中国专利行政执法审理庭等机构，结合学院法律援助工作站和翻译中心，共同打造知识产权社会服务平台，主动承接市知识产权

局服务职能，开展知识产权宣传、培训、行政执法、专利维权、专利申请、专利成果转化、专利金融服务等工作，开展知识产权一条龙服务。目前，邯郸知识产权学院已申报专利1200余项，其中校内师生申报专利46项；办理维权案件120件；服务高新技术企业认定12家；服务重大专利项目实施9项，为企业创造经济效益近亿元。同时，学院教师积极参与《河北省专利条例》的修改以及《邯郸市知名商标认定和保护办法》制定等立法工作。

依托优势资源开展知识产权社会教育培训。依托学院知识产权实践条件等优势资源，与省市知识产权局合作共建河北省知识产权才培养基地，与河北省知识产权局合作共建国家知识产权远程教育邯郸分站。2017年以来，社会各类知识产权培训累计2100多人次。学院先后在高校、邯郸钢铁集团、曲周县工业园区、磁县等地举办6次知识产权专题培训；协助邯郸市知识产权局举办河北省涉外企业知识产权培训、邯郸市专利行政执法培训、肥乡区高新技术企业认定和专利知识培训、邯郸市知识产权专利提升、专利权质押融资和专利保险培训、企业知识产权培训等。与市律师协会合作，承办了20期邯郸律师大讲堂，培训人员达4000人次；与市法制办公室合作，对邯郸市知识产权执法人员进行培训、考核。

产教融合协同培养企业知识产权复合型、应用型人才研究

▌苏 平 赵怡琳

作者简介：苏　平，重庆理工大学重庆知识产权学院院长、
　　　　　　教授，中南财经政法大学合作博士生导师。研
　　　　　　究方向：知识产权法律与政策，知识产权管理
　　　　　　与运营。
　　　　　　赵怡琳，重庆理工大学重庆知识产权学院、"一
　　　　　　带一路"知识产权与创新发展研究院助理研究
　　　　　　员。研究方向：知识产权法律与政策，知识产
　　　　　　权管理与运营。

随着我国知识产权强国战略和创新型国家建设的推进，我国知识产权事业获得了巨大发展空间，知识产权的数量和质量都有较大的增长和提高。但是，我国在知识产权人才培养方面仍然面临着严峻考验，知识产权人才供给侧与需求侧存在结构性矛盾，制约了我国知识产权事业的发展。本文在厘清知识产权复合型应用型人才定位的基础上，结合实时数据剖析知识产权人才供给侧与需求侧存在矛盾的主要原因，提出产教融合协同培养企业知识产权复合型、应用型人才的实施路径。

一、知识产权复合型、应用型人才定位

（一）复合型、应用型人才内涵

在《现代汉语词典》（第7版）中，"复合"指合在一起，结合起来，是一种动态变化融合的过程；知识的复合是不同学科知识的交叉和融合，这种复合不是简单的知识整合和叠加，而是复合后产生的质的变化。随着知识生产模式的不断变革，学科知识逐渐从分化走向交叉、融合，单一的学科领域逐渐走向多学科、交叉学科、跨学科乃至超学科，学科的交叉与融合已成为科学发展的创新源泉和时代特征。❶ 因此，复合型人才应是具备多学科、交叉学科或者跨学科知识融合的专门人才。"应用"指直接用于生活或生产，即实用；"型"指类型和样式，可理解为不同事物或现象之间所抽象归并的共通

---

❶ 原帅，黄宗英，贺飞. 交叉与融合下学科建设的思考——以北京大学为例［J］. 中国高校科技，2019（12）：4.

点。应用型人才应该是指具有一定的专业知识，应用客观规律为社会谋取直接利益或社会效益的人才。应用型人才分为技术应用型、工程应用型和知识应用型三类。❶ 简言之，应用型人才是运用一定专业知识、遵循客观规律为社会谋取效益的人才。本文认为，复合型是因知识的融合而产生质的变化，应用型是运用知识融合处理实际问题谋取效益的能力体现。

（二）知识产权复合型、应用型人才定位

1. 知识产权复合型人才定位

根据复合型人才的特点，知识产权复合型人才应是具备多学科、交叉学科或者跨学科知识融合的专门人才。知识产权学科知识是体系化的学科集合，需要多样化的学科知识予以支撑，形成全面、完整的知识系统。知识产权学科知识是知识产权与技术、管理、经济、外语等方面的知识复合所构成的知识系统，包括两个方面：一方面是知识产权+技术（或管理，或经济，或外语等）；另一方面是技术（或管理，或经济，或外语等）+知识产权。

所谓知识产权复合型人才是指掌握知识产权+技术（或管理，或经济，或外语等方面）的复合型知识的专门人才，即 A＋B（或＋C，或＋D，或＋E 等）模式，或是指掌握技术（或管理，或经济，或外语等方面）+知识产权的复合型知识的专门人才，即 B（或＋C，或＋D，或＋E 等）＋A。首先，知识产权本身为一种法律权利，且知识产权法仍属于民法体系，法学基本理论、基础知识是知识产权人才的基本知识结构。其次，知识产权知识的复合型有其内在逻辑。知识产权是创新的体现形式和量化指标，而创新多表现为技术创新，故相应的技术背景通常是知识产权人才所需具备的。同时，由于知识产权资产的秉性使然，能够通过权利经营等使资产增值产生收益，经济、管理、贸易等知识结构是使知识产权效益最大化的必备手段。随着知识产权国际化进程的加快，外语是知识产权人才的基础知识和能力结构。通常来说，复合型人才学科知识复合有限，一般是两种或两种以上学科知识的复合，即A＋B，或者 A＋B＋C 等；且复合型知识一般通过课堂教育和实践教育方式，并

---

❶ 李素芹. 应用型人才相关问题辨析 [J]. 扬州大学学报（高教研究版），2014（1）：15.

以课堂教育方式为主要途径而获得，学生有限的时间和精力尚且达不到太多学科复合的要求。

2. 知识产权应用型人才定位

根据应用型人才的特点，知识产权应用型人才是指具备熟练运用知识产权创造、保护、运用、管理和服务等相关业务技能的人才。首先，知识产权应用型人才是以高校本科和研究生教育培养为基础，在一线实务岗位具体从事知识产权创造、保护、运用、管理和服务的专业人才。其次，知识产权应用型人才有一定的创新能力。该类人才主要是基于知识产权创造、保护、运用、管理与服务实践中所发现的新问题，具备从事各种服务创新活动的能力。最后，知识产权应用型人才技能的获得一般通过课堂教育和实践教育方式，而以实践教育方式为主而获得的能力。

综上，知识产权复合型、应用型人才应是具备能综合运用多学科复合性知识，处理知识产权创造、保护、运用、管理和服务等相关实践业务的专业人才。

二、知识产权人才供给侧与需求侧存在矛盾

（一）企业急需具备复合型、应用型能力的知识产权人才

企业❶需要复合型、应用型知识产权人才，其主要原因有：第一，产业转型升级急需特定知识和能力复合的知识产权人才。产业的结构升级均涉及自主创新和技术进步，自主创新和技术进步需要战略性知识产权规划人才予以引导，更需要聚集一定数量既懂技术又熟悉法律、既能运筹战略规划又能运营产业链条知识产权的人才团队服务。第二，企业知识产权人才需求更加专门化、实务化。就企业而言，其人才主要分布在企业知识产权创造、保护、运用三个重点环节及其与每个环节都相关的管理方面，每个环节都需要操作性强、掌握相关实践能力的知识产权专门人才去运作，如创造阶段所需的专

---

❶ 本文所指企业，包括生产型企业、服务型企业。服务型企业也包括知识产权服务业（代理机构、分析评议机构、各类知识产权运营平台、与知识产权投融资相关的企业等）。

利信息分析人才，就需培养专利信息组织、加工、检索、分析等专门实务技能，形成一批基本满足产业发展和重大经济、科技活动需求的专利信息分析人才队伍。又如在知识产权运用阶段，为持续开展知识产权评估、交易许可、标准化以及知识产权保险、质押融资、作价入股等知识产权金融和资本化等业务，需要培养一批具有发展潜力、可以带领团队完成重大项目运作的知识产权运营人才队伍。第三，企业知识产权人才需求的复合化。企业知识产权工作贯穿市场调研、创新研发、分析挖掘、申请确权、保护布局、流程管理与成果转化、投融资等整个过程。这些工作的完成要求知识产权专业人员具备法律、技术、贸易、管理和情报检索等方面的专业素养和知识结构，同时还要具有较好的外语基础、熟悉国际规则等。因此，"理想化"的知识产权人才是集相关知识和能力于一身的复合型人才，或者至少具备二至三个方面的专业知识和技能的复合。"理想化"的知识产权人才团队至少是具备法律、技术、贸易、管理和情报检索等相关知识结构的人才集聚。

（二）高校培养知识产权人才的数量、知识、能力结构难以满足企业需求

1. 高校培养知识产权人才的数量难以满足经济社会快速发展的需求

迄今全国已有 60 所高校成立了知识产权学院（见表 1），有 107 所高校设置了"知识产权（法学）"本科专业（见表 2），有 200 多所高校在培养知识产权方向硕士研究生，有 41 所高校在培养知识产权相关专业或其研究方向的博士研究生。不含通过辅修知识产权专业获得第二学位的学生，预计每年培养知识产权专业毕业学生约 7000 人，其中本科生不超过 4000 人，硕士研究生约 2000 人，博士生约 80 人，每年总计培养各层次知识产权人才不到 1.5 万人，5 年培养大约 7.5 万人。[1] 据教育部统计，截至 2019 年 6 月 15 日，全国高等学校共计 2956 所，其中普通高等学校 2688 所（含独立学院 257 所），成人高等学校 268 所。[2] 开设知识产权本科专业的学校占全国普通高等学校的

---

[1] 在对培养知识产权本科、硕博士高校数量以及产出进行统计的基础上，通过简单计算大致预估出每年的知识产权人才产出总量。

[2] 参见中华人民共和国教育部官网，载 http://www.moe.gov.cn/jyb_xxgk/s5743/s5744/201906/t20190617_386200.html，最后访问日期：2020 年 3 月 25 日。

3.5%左右，开设知识产权硕士和博士研究生教育的高校占比也不超过5%，相较于传统专业或其他新兴专业（人工智能等）发展速度和占比仍然较低。我国《知识产权人才"十三五"规划》（以下简称《规划》）提出，"十三五"期间知识产权人才发展具体目标之一就是人才资源总量大幅增加，知识产权专业人才数量达到50万余人，其中企业需要30万知识产权人才，知识产权服务业人才需要15万余人。❶ 按照《规划》的数据，如果把知识产权服务业人才也纳入广义的企业知识产权人才，就需要培养培训45万知识产权人才才能实现目标，才能满足市场主体、知识产权服务主体的需要。高校培养的知识产权人才数量占《规划》的预期人才数量的17%，即高校培养的知识产权人才占总的需求人才数量比例偏小。社会培养培训知识产权人才的压力较大。通过对智诚人才❷发布的2019年1—12月的《全国知识产权人才市场需求分析报告》❸进行整合分析，发现2019年我国总共发布了215839个知识产权岗位。除了社会招聘的人才，高校的知识产权人才仍然是企业招聘的主力军。目前看来，高校每年培养的知识产权人才数量（约1.5万）距离社会需求（约21.6万）差距很大。

表1　全国60所知识产权学院情况

年度	地区	名　称
1993	北京	北京大学知识产权学院
1994	上海	上海大学知识产权学院
2003	上海	华东政法大学知识产权学院
2004	广东	暨南大学知识产权学院
		华南理工大学知识产权学院
2005	湖北	中南财经政法大学知识产权学院
	陕西	西北大学知识产权学院

---

❶　参见《知识产权人才"十三五"规划》，载 http://www.sipo.gov.cn/gztz/1099103.htm，最后访问日期：2020年3月24日。

❷　峰创智诚旗下子公司深圳智诚知识产权人才服务科技有限公司，已建立全国前沿知识产权职位信息库，拥有超过5万知识产权人才数据资源。

❸　参见《全国知识产权人才市场需求分析报告》，载 http://www.greatipr.com/，最后访问日期：2020年3月25日。本论文数据在此数据基础上进行加工整合。

年度	地区	名　称
2005	江苏	南京理工大学知识产权学院
	山东	山东师范大学知识产权学院
	广东	中山大学知识产权学院
2006	山东	青岛大学知识产权学院
2007	重庆	重庆理工大学知识产权学院
2008	湖南	湘潭大学知识产权学院
	福建	厦门大学知识产权学院
2009	北京	中国人民大学知识产权学院
	浙江	中国计量大学知识产权学院
2010	重庆	西南政法大学知识产权学院
	深圳	深圳大学知识产权学院
2011	陕西	西北政法大学知识产权学院
2013	浙江	浙江工贸职业技术学院温州知识产权学院
2014	浙江	浙江工商大学知识产权学院
	河南	中原工学院知识产权学院
	四川	四川轻化工大学知识产权学院
2015	北京	北京化工大学知识产权学院
	河南	郑州大学知识产权学院
	江苏	三江学院法律和知识产权学院
2016	北京	中国科学院大学知识产权学院
	上海	同济大学上海国际知识产权学院
	辽宁	辽宁大学辽宁知识产权学院
		大连理工大学知识产权学院
2016	广西	桂林电子科技大学知识产权学院
	广东	佛山科学技术学院知识产权学院
2017	河南	河南师范大学知识产权学院
	辽宁	沈阳工业大学中德知识产权学院
	四川	西华大学知识产权学院
	河北	邯郸职业技术学院邯郸知识产权学院
	山东	滨州职业学院滨州知识产权学院

年度	地区	名　称
2017	广东	肇庆学院知识产权学院
		嘉应学院知识产权学院
		广东技术师范大学法学与知识产权学院
2018	河南	河南财经政法大学知识产权学院
		河南大学知识产权学院
	浙江	浙江万里学院宁波知识产权学院
	江西	华东交通大学江西省知识产权学院
	山东	山东科技大学知识产权学院
	天津	天津工业大学知识产权学院
	山东	山东理工职业学院济宁知识产权学院
	河北	保定学院知识产权与财经学院
2019	河南	河南科技大学知识产权学院
	广东	东莞理工学院东莞知识产权学院
	浙江	台州学院知识产权学院
	辽宁	大连科技学院知识产权学院
2020	上海	上海应用技术大学中欧知识产权学院
	江苏	江苏大学知识产权学院
2021	湖北	嘉兴学院知识产权学院
	浙江	浙江工业职业技术学院知识产权学院
	山东	山东政法学院方宇知识产权学院
		聊城大学法学院知识产权学院
	甘肃	甘肃政法大学知识产权学院
2022	山东	烟台知识产权学院

资料来源：数据通过爬取现有网络信息资源并与相关高校核实后自行整合罗列。

表 2　全国 107 所开设知识产权（法学）本科专业的高校情况

年度	地区	学　校
2003	上海	华东政法大学
2004	广东	华南理工大学
		暨南大学

年度	地区	学　　校
2005	重庆	重庆理工大学
	浙江	中国计量大学
		杭州师范大学
2007	浙江	浙江工业大学
2009	浙江	浙江工商大学（知识产权）
2011	内蒙古	内蒙古财经学院
	浙江	浙江工商大学（知识产权法）
	福建	福建工程学院
	江西	南昌大学
	山东	烟台大学
		山东政法学院
	河南	河南财经政法大学
	广西	广西民族大学
	重庆	重庆邮电大学
		西南政法大学
2012	湖北	中南民族大学
		武汉东湖学院
	辽宁	大连理工大学
		辽宁对外经贸学院
	天津	北京科技大学天津学院
	河北	保定学院
		石家庄学院
	黑龙江	哈尔滨金融学院
	上海	上海政法学院
	江苏	苏州大学
	安徽	安徽大学
		铜陵学院
		淮北师范大学信息学院
	江西	宜春学院

年度	地区	学　校
2012	河南	河南师范大学
		安阳工学院
	湖南	湘潭大学
		湖南师范大学
	广西	桂林电子科技大学
	重庆	重庆交通大学
	四川	西南科技大学
	甘肃	兰州大学
		兰州理工大学
		甘肃政法学院
	新疆	新疆大学
2013	湖北	华中师范大学
	天津	天津科技大学
	辽宁	沈阳工业大学
	安徽	池州学院
	山东	青岛农业大学
	山东	聊城大学
		山东女子学院
	北京	北京电影学院
	河南	河南科技大学
		中原工学院
		河南师范大学新联学院
		郑州成功财经学院
	甘肃	兰州商学院
	广东	广州大学松田学院❶
	湖南	衡阳师范学院
	重庆	重庆工商大学
	四川	宜宾学院

---

❶ 广州大学松田学院于 2018 年撤销知识产权本科专业。

年度	地区	学　校
2015	江苏	泰州学院
	江西	景德镇陶瓷大学
2016	上海	上海大学
	重庆	重庆大学
	黑龙江	大庆师范学院
	江苏	淮阴师范学院
		三江学院
	江苏	嘉兴学院
	安徽	安庆师范大学
	江西	九江学院
	北京	北方工业大学
	云南	昆明理工大学津桥学院
2017	江苏	南京工业大学
	福建	厦门理工学院
	河南	郑州大学
	四川	西华大学
		四川文理学院
2018	北京	北京吉利学院
	黑龙江	牡丹江师范学院
	浙江	湖州师范学院
	江西	萍乡学院
	河南	许昌学院
		河南牧业经济学院
	湖南	湖南工业大学
		吉首大学张家界学院
	广东	肇庆学院
		广东金融学院
	贵州	凯里学院
	云南	大理大学
	陕西	西北大学

年度	地区	学　　校
2019	河北	河北金融学院
	福建	福建江夏学院
	江西	华东交通大学
	湖北	武汉工程大学
	广西	广西警察学院
2020	湖北	中南财经政法大学
	河北	河北科技师范学院
	福建	泉州师范学院
	山东	青岛工学院
	河南	河南工程学院
	广东	广东技术师范大学
	广东	东莞理工学院
2021	山西	太原师范学院
	浙江	浙江万里学院
	山东	菏泽学院
	山东	山东石油化工学院
	河南	河南科技大学
	湖南	湖南理工学院
	安徽	淮北理工学院

资料来源：数据通过对中华人民共和国教育部历年发布的普通高等学校本科专业备案和审批结果进行整合后罗列。

2. 高校培养知识产权人才的知识结构仍以法学为主

（1）法学类专业人才教学质量国家标准确定培养法治人才

法学类专业人才培养目标是培养复合型、职业型、创新型法治人才及后备力量。法学类专业包括法学、知识产权、监狱学等，知识产权本科专业人才培养必须遵循法学类专业人才教学质量国家标准。2018 年教育部法学类教学指导委员会制定并发布的《普通高等学校法学类本科专业教学质量国家标准》（以下简称《国家标准》）明确规定了法学类专业人才培养目标："法学类专业人才培养应坚持立德树人、德法兼修，适应建设中国特色社会主义法治体系，建设社会主义法治国家的实际需要。培养德才兼备，具有扎实的专业理论基础和熟练的职业技能、合理的知识结构，具备依法执政、科学立法、依法行政、公正司法、高效高质量法律服务能力与创新创业能力，熟悉和坚持中国特色社会主义法治体系的复合型、职业型、创新型法治人才及后备力量。"复合型、职业型、创新型法治人才及后备力量的培养是对法学类专业人才培养的最终目标。知识产权专业作为法学类专业之一，知识产权人才属于其要求的复合型、职业型、创新型人才类型之一，或者是二者、三者兼具的人才类型。

法学类专业人才知识结构要求以掌握法学知识为主。法学类专业人才要了解人文社会科学和自然科学的基础知识，牢固掌握本专业的基本知识和基本理论，并形成合理的整体性知识结构。为此，在课程体系总体框架设计方面，法学类专业课程总体上包括理论教学课程和实践教学课程。理论教学课程体系包括思想政治理论课程、通识课程、专业课程；实践教学课程体系包括实验和实训课、专业实习、社会实践与毕业论文（设计）。知识产权专业核心课程包括法理学、宪法学、刑法、民法、刑事诉讼法、民事诉讼法、行政法与行政诉讼法、知识产权总论、著作权法、专利法、商标法、竞争法、知识产权管理、知识产权文献检索与应用。由此可知，知识产权专业核心课程包括一般法学类课程7门，知识产权特色课程7门，共14门，该专业知识结构要求仍以掌握法学知识为主。

（2）高校知识产权人才培养以培养法治人才为主

出于对《国家标准》的遵循，各高校知识产权人才培养方案的课程体系基本包括了知识产权专业核心课程，包括法理学、宪法学、刑法、民法、刑事诉讼法、民事诉讼法、行政法与行政诉讼法、知识产权总论、著作权法、专利法、商标法、竞争法、知识产权管理、知识产权文献检索与应用。同时，多数高校知识产权人才培养方案课程体系设置增加了法律知识方面的课程内容，比如不少高校还设置了经济法、商法、国际法、国际私法、国际经济法等课程。少数高校设置有经济学、管理学、理工科类等其他课程设置。

2019 年我国发布的 215,839 个知识产权岗位中，除 52.3% 的中介服务机构外，其他 47.7% 的知识产权人才需求主体为实体企业。在实体企业中，互联网/电子商务、电子技术/半导体/集成电路和计算机软件类企业分别提供 7%、3% 和 3% 的知识产权岗位。❶ 商务部发布的《国家重点支持的高新技术领域》❷ 中将电子信息技术、生物与新医药技术、航空航天技术、新材料技术、高技术服务业、新能源及节能技术、资源与环境技术和高新技术传统产业八大产业认定为高新技术领域，互联网/电子商务、电子技术/半导体/集成电路和计算机软件均属于上述高新技术领域，其所属企业为高新技术企业。此类企业的知识产权从业人员除具备知识产权专业知识外，还需在一定程度上具备相应的产业、技术等复合性知识结构。然而，由于法学类专业国家标准是以法学作为根本，其人才培养目标、培养规格、知识要求、课程体系等均予以体现，知识产权专业也当然是以培养知识产权法学人才为其根本，大多数高校知识产权专业课程知识结构主要以法律类为主，仍然以培养法治人才为主要目标。

3. 高校培养知识产权人才的能力结构难以满足企业需求

《国家标准》提出，法学类人才培养的能力要求是：具备独立自主地获取和更新本专业相关知识的学习能力；具备将所学的专业理论与知识融会贯通，灵活地综合应用于专业实务之中的基本技能；具备利用创造性思维方法开展科学研究工作和创新创业实践的能力；具备较高的计算机操作能力和外语能力。《国家标准》规定的这四种能力结构，尤其以专业实务之中的基本技能为重。为此，规定法学类专业培养方案总学分应控制在 160 学分左右，其中实践教学课程累计学分不少于总学分的 15%。但是，部分高校主要还是囿于传统的教学与形态，以理论教学、知识传授为主，实务技能培养偏弱，缺乏培养应用型人才的手段、措施和资源。多数教师对企业知识产权实务技能需求

❶ 参见《全国知识产权人才市场需求分析报告》，载 http://www.greatipr.com/，最后访问日期：2020 年 3 月 25 日。本论文数据在此数据基础上进行加工整合。
❷ 参见中华人民共和国商务部官网，载 http://www.mofcom.gov.cn/aarticle/bh/200805/20080505534363.html?from=groupmessage&isappinstalled=0，最后访问日期：2020 年 3 月 1 日。

缺乏深度了解，难以给学生传授相关技能。通过分析 2019 年全国知识产权岗位的岗位职责和任职资格可以发现，五大岗位均要求具备较高的外语能力，专利岗位绝大多数要求具有理工科背景。从学历来看，40.86% 为大专及以下学历，51.38% 为本科学历，4.56% 为硕士及以上学历。其中，需要经验的岗位占 54.16%。❶ 企业的知识产权人才需求呈现"两头宽、中间窄"的现象，与硕博层面的知识产权人才偏向理论型有关。由此可见，企业较为看重知识产权从业人员的实践经验。目前，高校课程设置除了基础的通识课就是深化的专业课，而真正的专业实践课较少，此种模式下培养出来的知识产权人才无法直接与企业急需的知识产权实务人才有效衔接。❷

综上，随着我国企业越来越多地走进国际市场，国内外的经济贸易往来越来越频繁，知识产权相关的问题和纠纷也越来越多，企业在处理国内外知识产权事务中，需要大量专业化分工明确、具备复合性知识和能力、懂实务操作技能的应用型专业人才。现阶段，我国高校每年培养的知识产权人才数量、知识、能力远远不能满足社会发展的需求，如果不加以重视，知识产权人才培养供给侧与产业需求侧存在的结构性矛盾且会越来越突出。

三、知识产权人才供需之间存在结构性矛盾的原因

(一) 企业与高校之间产教融合不足

企业与高校之间产教融合不足，主要体现为校企合作信息不对称、对接合作不顺畅、评价导向不一致。

第一，校企合作信息不对称。部分高校在知识产权人才培养的方案制订、课程设置方面需要企业参与，但难以找到合适的企业征求建设性意见。培养方案是各高校培养知识产权人才的顶层设计，直接决定了人才培养的综合水平和能力，与企业知识产权部门缺乏深度沟通，人才培养方案和课程设置制订过程脱离实际需求，无异于"闭门造车"。一方面，有知识产权实务经验的

---

❶ 参见《全国知识产权人才市场需求分析报告》，载 http://www.greatipr.com/，最后访问日期：2020 年 3 月 25 日。本论文数据在此数据基础上进行加工整合。

❷ 王博雅，向晶. 我国企业知识产权人才建设问题分析及政策建议 [J]. 知识产权，2018 (2)：82.

< 078 >

企业找不到用武之地，难以把企业成功的经验与高校进行交流供其培养人才使用。另一方面，部分企业不愿投入精力主动介入高校知识产权人才培养，动力不足、积极性不高。在人才使用方面的信息不对称，使得多数企业仍停留在传统的人才使用方式上，其对人才的真实需求无法反馈给高校，只能被动接受高校产出的人才，最终导致双方在人才供需上的错位。

第二，校企对接合作不顺畅。高校与企业之间有良好的合作愿望，但是对接时候往往出现一些障碍，使得双方合作不顺畅。在合作机制上存在障碍，如有些实务课程亟须企业实务专家授课，高校课程严格按照时间和教学规律安排授课，但企业实务专家有其本职工作，到校授课时间和精力难以保证，导致调课、突发性停课时有发生，影响正常教学秩序。

第三，校企评价导向不一致。高校人才培养主要按照"厚基础、宽口径"的原则，以掌握系统的基础理论和基本知识为主，按照传统思路和传统（理论教学）教学方式培养学生，学生在校主要学习基本理论课程。但是本科学生专业知识掌握得非常有限，硕士生和博士生停留在理论研究层面较多，缺乏实务操作技能。企业需要以实务技能为主的人才，企业参与高校人才培养也会主张培养学生实务技能。高校培养人才往往与企业人才需求评价导向不一致。

（二）企业知识产权工作快速发展导致岗位需求多样化

在实施创新驱动战略和加强知识产权强国建设的宏观政策引领下，企业对知识产权的重视程度越发提升，企业知识产权工作也发生了新的变化。第一，企业知识产权专业人员呈现多样化。企业知识产权专业人员一般包括专利代理、专利管理、专利信息分析、版权、商标代理、商标管理人员等。第二，企业知识产权人才需求呈现精细化。由于企业知识产权工作职责分工越来越精细，知识产权人才需求也呈现精细化发展。例如，企事业单位中专利管理专业人员的主要工作任务有：制定单位专利战略规划；制定单位专利申请策略，进行专利布局；管理和维护单位专利知识产权资产；进行单位专利权许可、转让、转化进行知识产权培训和宣传活动。

从 2019 年我国人才招聘网发布的 215839 个知识产权岗位来看，包括专利岗

69392 个（32.1%）、商标岗 8749 个（4%）、法务岗 43812 个（20.3%）、律师岗 8435 个（4%）以及知识产权辅助岗 85451 个（39.6%）❶，五大岗位又细分为其他更多岗位，如专利岗又细分为专利工程师、专利代理师、专利分析师等，知识产权辅助岗细分为知识产权销售顾问、客服专员、知识产权认证审核员、知识产权贯标专员等。从上述企事业知识产权专业人员分类和工作岗位的变化可以看出，企业知识产权迅猛发展导致人才需求多样化、精细化。企业知识产权工作发展较快，一般高校学科建设、专业建设和人才培养很难跟上企业的实际发展需求。

（三）知识产权人才培养体系成为制约知识产权人才培养的瓶颈

迄今为止我国知识产权人才培养体系主要有三个层次❷：本科、硕士和博士。从本科培养层面来看，根据表 2 统计数据，目前全国共有 107 所高校开设知识产权本科专业。从硕士培养层面来看，不考虑仅设有知识产权相关方向的学术学位硕士研究生招生单位，全国共有 32 所高校设置了 32 个知识产权相关的学术学位硕士点（见表 3）。但由于未设置知识产权专业类硕士学位，专业硕士学位（含知识产权方向）教育依附于法律硕士、工商管理硕士等其他专业硕士（见表 4）。从 1996 年我国开始设立法律硕士培养试点，到 2006 年开始在法律硕士专业学位教育中设置知识产权方向试点，经过十几年的发展，全国范围内已经有 21 所高校明确开设法律硕士（知识产权方向）教育。❸另外有 18 所高校分别在工商管理、工程管理、图书情报、资产评估、出版、公共管理、教育、新闻与传播、文物与博物馆专业硕士教育下开设知识产权方向，如重庆理工大学和中原工学院在工商管理硕士（MBA）专业教育中分别招收知识产权与科技管理方向和知识产权管理方向的学生，中北大学、南京工业大学和福建工程学院在工程管理硕士教育中开设知识产权方向，江苏大学和景德镇陶瓷大学在图书情报专业硕士教育中开设知识产权方向等。

---

❶ 参见《全国知识产权人才市场需求分析报告》，载 http://www.greatipr.com/，最后访问日期：2020 年 3 月 25 日。本论文数据在此数据基础上进行加工整合。

❷ 排除第二学位和专科。

❸ 表 4 中统计的 21 所法律硕士教育中包含知识产权方向的高校是中国研究生招生信息网中明确标出研究方向为知识产权方向的高校，不区分方向的未统计在内。

从博士培养层面来看，现阶段我国共有41所高校进行知识产权相关专业或其研究方向的博士教育（见表5）。

表3　全国开设知识产权专业的学术学位硕士教育情况

地区	学校	院系所	专业名称
北京	北京大学	法学院	法学（知识产权法）
	中国人民大学	法学院	知识产权法
	中国政法大学	民商经济法学院	知识产权法学
	中国社会科学院大学	法学系	知识产权法学
	北京外国语大学	法学院	知识产权法
上海	华东政法大学	知识产权学院	知识产权
	上海对外经贸大学	法学院	知识产权法
江苏	中南财经政法大学	知识产权学院	知识产权法
	南京理工大学	知识产权学院	知识产权
	南京工业大学	经济与管理学院	知识产权与科技创新管理
吉林	吉林大学	法学院	知识产权法学
重庆	西南政法大学	民商法学院	知识产权法学
	重庆理工大学	重庆知识产权学院	知识产权管理
广东	华南理工大学	法学院	知识产权
	广东外语外贸大学	法学院	知识产权法学
广西	广西师范大学	法学院	知识产权法
四川	四川大学	法学院	知识产权法
	西南科技大学	法学院	知识产权法
	西南财经大学	法学院	知识产权法
浙江	浙江工商大学	法学院	知识产权法学
福建	厦门大学	知识产权研究院	知识产权法学
湖南	中南大学	法学院	知识产权法
广东	暨南大学	法学院/知识产权学院	知识产权法学
云南	云南大学	法学院	知识产权法学
	昆明理工大学	管理与经济学院	知识产权与科技创新
陕西	西北政法大学	经济法学院	知识产权法学

地区	学校	院系所	专业名称
安徽	安徽工业大学	公共管理与法学院	知识产权创造与管理
	安徽建筑大学	经济与管理学院	技术创新与知识管理
河南	中原工学院	知识产权学院/法学院	知识产权管理
山东	青岛大学	政治与公共管理学院	知识产权管理
辽宁	大连理工大学	经济管理学院盘锦分院	知识产权管理（科技创新与知识产权管理等）
	辽宁大学	法学院	知识产权与人工智能法学

资料来源：中国研究生招生信息网，载 https://yz.chsi.com.cn/，最后访问日期：2020 年 3 月 25 日。

表 4　全国开设知识产权专业研究方向的专业学位硕士教育情况

学位类型	高校	院系所	研究方向
法律硕士	北京工业大学	文法学部	知识产权法
	北京科技大学	文法学院	知识产权法学
	北方工业大学	文法学院	知识产权法
	天津工业大学	法学院	知识产权基本原理/知识产权投资与贸易法律实施
	同济大学	上海国际知识产权学院	知识产权
	华东理工大学	法学院	知识产权法学
	华东政法大学	法律硕士教育中心	知识产权法律实务
	上海政法学院	法律学院	知识产权法
	南京航空航天大学	人文与社会科学学院	知识产权法律规制
	南京理工大学	知识产权学院	知识产权法律与实务/知识产权与相关法律
	中国计量大学	法学院	知识产权法理论与实务
	中国科学技术大学	公共事务学院	知识产权法
	合肥工业大学	文法学院	知识产权法
	厦门大学	知识产权研究院	知识产权
	华东交通大学	人文社会科学学院	知识产权法
	湘潭大学	法学院/知识产权学院	知识产权法务

学位类型	高校	院系所	研究方向
法律硕士	湖南大学	法学院	知识产权法律硕士（非法学）
	华南理工大学	法学院	知识产权（仅限理工科背景）
	西南交通大学	公共管理与政法学院	知识产权方向
	四川轻化工大学	法学院	知识产权法务
	西华大学	知识产权学院/法学院	知识产权
工商管理	重庆理工大学	MBA 教育中心	知识产权与科技管理
	中原工学院	经济管理学院	知识产权管理
工程管理	中北大学	经济与管理学院	工业企业知识产权与技术创新
	南京工业大学	经济与管理学院	专利技术评价
	福建工程学院	管理学院	技术创新与产业管理（含技术创新管理、知识产权管理、文化产业管理）
图书情报	江苏大学	科技信息研究所	专利情报与知识产权战略
	景德镇陶瓷大学	江西省陶瓷知识产权信息中心	专利信息分析
资产评估	东南大学	经济管理学院	知识产权评估
	重庆理工大学	经济金融学院	知识产权评估
出版	河北大学	新闻传播学院	版权贸易
	暨南大学	文学院	版权管理与运营
公共管理	中国科学院大学	公共政策与管理学院	法律与知识产权
	南京理工大学	公共事务学院	知识产权管理
	中国科学技术大学	公共事务学院	知识产权政策与管理
	华东交通大学	人文社会科学学院	知识产权管理
教育	西北师范大学	生命科学学院	植物保护
新闻与传播	北京印刷学院	新闻出版学院	版权运营与管理
文物与博物馆	中国社会科学院大学	文物与博物馆硕士	中国非遗与传统技艺保护

资料来源：中国研究生招生信息网，载 https://yz.chsi.com.cn/，最后访问日期：2020 年 3月 25 日。

表5　全国开设知识产权专业/研究方向的博士教育情况

地区	高校	院系所	研究专业（方向）
北京	北京大学	法学院	法学（知识产权法）/知识产权法学
	清华大学	法学院	法学（知识产权法学）
	中国人民大学	法学院	知识产权法
	中国政法大学	民商经济法学院	知识产权法学（知识产权法理论等）
	中国科学院大学	文献情报中心	情报学（知识产权情报研究）
北京	北京科技大学	东凌经济管理学院	管理科学与工程（知识产权管理） 管理科学与工程（知识产权与教育管理）
			工商管理（技术创新驱动专利密集型产业高质量发展研究）
	中国社会科学院大学	法学院	知识产权法学
天津	南开大学	经济学院	西方经济学（创新与知识产权经济学）
上海	华东政法大学	知识产权学院	知识产权（知识产权法）
	上海交通大学	凯原法学院	法学（知识产权法学）
	同济大学	上海国际知识产权学院	知识产权（知识产权与竞争、知识产权管理等）
	复旦大学	经济学院	世界经济（知识产权保护研究）
			产业经济学（创新与知识产权）
	上海大学	管理学院	管理科学与工程（知识产权管理）
	华东师范大学	社会发展学院	民俗学（非遗保护与经济民俗学研究） 民俗学（非物质文化遗产）
湖北	中南财经政法大学	知识产权学院	知识产权法
	中南民族大学	法学院	民族法学（知识产权与民族发展） 民商法学（知识产权法学）
	华中科技大学	管理学院	工商管理（知识产权战略与管理）
	武汉大学	法学院	知识产权法学（知识产权法）
			国际法学（国际知识产权法）
			知识产权法学（国际知识产权法学等）
		信息管理学院	图书馆学（信息资源知识产权）
			信息资源管理（知识产权）
			出版发行学（文化产业管理与版权贸易）

地区	高校	院系所	研究专业（方向）
重庆	西南政法大学	民商法学院	知识产权法学（知识产权法、知识产权管理等）
	重庆大学	法学院	法学（知识产权法学）
福建	厦门大学	知识产权研究院	知识产权法学（知识产权制度等）
			知识产权管理（技术经济与知识产权管理等）
	福州大学	经济与管理学院	电子政务与区域资源管理（知识产权管理）
四川	四川大学	法学院	法学（知识产权法）
辽宁	大连理工大学	经济管理学部	知识产权管理
		人文与社会科学学部	科学学与科技管理（知识产权与创新管理、专利计量与科技管理）
		马克思主义学院	马克思主义理论（中国发展道路与知识产权）
		经济管理学院	企业管理（企业专利战略）、技术经济及管理（技术标准与专利管理）、知识产权管理（专利运营及管理、专利诉讼与预警）
	沈阳药科大学	工商管理学院	药事管理学（药品知识产权、药物政策）
湖南	湘潭大学	法学院/知识产权学院	法学（知识产权）
山东	山东大学	法学院	民商法学（知识产权法）
	烟台大学	药学院	药学（新型释药系统开发与知识产权保护）
广东	暨南大学	法学院/知识产权学院	法学理论（知识产权理论）
		管理学院	技术经济及管理（技术创新与知识产权管理）
	广东工业大学	信息工程学院	信息与通信工程（工业互联网与知识产权大数据） 信息与通信工程（最优化信号处理与知识产权大数据）
浙江	浙江大学	光华法学院	经济法学（知识产权法学）
	浙江工商大学	法学院	法学（知识产权的行政保护）
吉林	吉林大学	法学院	知识产权法（知识产权法）

地区	高校	院系所	研究专业（方向）
江苏	江苏科技大学	经济管理学院	管理科学与工程（知识产权） 管理科学与工程（知识产权；创新与知识管理）
	南京大学	法学院	法学（知识产权部门法、知识产权法、商标法学）
江苏	苏州大学	王健法学院	民商法学（知识产权法学）
	南京理工大学	知识产权学院	管理科学与工程（知识产权战略管理、专利数据测度与专利价值分析、著作权等）
	中国医科大学	国际医药商学院	社会与管理药学（医药政策法规与医药知识产权）
云南	昆明理工大学	环境科学与工程学院	资源环境规划与管理（环境技术与知识产权）
陕西	西安交通大学	管理学院	工商管理（企业知识产权管理）
		法学院	法学（知识产权法）
河南	郑州大学	法学院（知识产权学院）	民商法学（知识产权法方向）

当下多层次的知识产权人才培养机制难以满足企业知识产权人才需求和经济社会发展。除知识产权本科是独立设置专业外，硕士、博士层次主要依附法学、管理学等学科而自主设置，或交叉设置方向，缺乏独立的知识产权学科体系。各学科都有独特的特性和逻辑体系，知识产权依附于相关学科，由于受原本学科专业要求限制，知识产权相关课程内容设置偏少，难以展现完整的知识产权知识结构和理论体系，知识产权人才培养的规模和质量必然受到影响。在知识产权人才培养体系中，应用型人才培养偏少。企业对知识产权人才的需求主要集中在本科及硕士研究生层次，这两个层次应是培养应用型知识产权人才的主流。近几年，本科层次培养高校数量增长较快，人才培养数量有较大幅度增长，但是多偏重基础理论培养，实务技能培养较弱。高校在学术性硕士或专业硕士层面培养了一些知识产权方向人才，但硕士研究生层次增长缓慢，培养的数量偏少。在学术型硕士层面，大部分硕士属于理论研究型人才，少数属于应用对策研究人才或者应用型人才；专业学位层

面上，由于受原专业学位要求限制，掌握知识产权理论知识有限，实务技能培养偏弱，应用型人才较少。因此，目前的知识产权人才培养体系无法满足企业对知识产权应用型人才的需求。

（四）高校专业建设缺乏有效的实务能力培养机制

企业无论是知识产权的确权与保护，还是知识产权的管理与运营，都是实践性很强的工作，但是目前部分高校专业建设缺乏有效的实务能力培养机制。第一，高校缺乏实务教学的师资队伍。由于高校教师主要来自应届博士毕业生，到高校后较少有机会参与企业知识产权实务工作，产业链上的企业知识产权实务操作能力比较缺乏。第二，缺乏科学、系统、有效的知识产权可视化仿真实验教学训练。高校知识产权实验教学缺乏一套从创新、申请、审查、获权，到管理、维权、运营等的可视化仿真实验教学系统，来模拟训练企业面对的各种知识产权场景。第三，学生缺乏有效的实习。多种原因使得校内外指导教师对学生实习缺乏积极性，实习单位缺乏接受学生实习的动力，部分学生专业实习效果不佳，从学生通过实习提高实务技能的机会有限。

四、产教融合协同培养企业知识产权复合型、应用型人才的实施路径

党的十九大报告明确提出深化产教融合重大改革任务。2019 年 7 月，中央全面深化改革委员会审议通过了《国家产教融合建设试点实施方案》❶，对产教融合建设提出了新的思路和要求。面对企业知识产权人才的现实需求，本文建议形成"树立一个目标、创新一套体系、构建一个联盟、促进两方协同"的架构或机制。具体而言，即树立产教融合协同培养知识产权复合型、应用型人才的目标，创新知识产权人才培养体系，构建产教融合知识产权人才培养联盟，校企协同培育知识产权复合型、应用型人才，从而适应企业对知识产权复合性应用型人才的需求，具体如图 1 所示。

---

❶ 参见《国家产教融合建设试点实施方案》，载 http://www.gov.cn/xinwen/2019-10/11/content_5438226.htm，最后访问日期：2020 年 3 月 25 日。

图1　产教融合协同培养企业知识产权复合型、应用型人才的实施路径

（一）树立产教融合协同培养知识产权复合型、应用型人才的目标

新时代知识产权人才的培养要以企业的需求为导向，贴合企业的发展需要，专注于培养复合型、应用型的知识产权人才。第一，知识产权应用型人才就是在产业链、创新链相关企业、服务机构等一线岗位从事知识产权创造、运用、保护、管理与服务的专业人才。其主要职能是实施知识产权新理论、新模式、新方法在各行各业中的应用。他们是知识产权法律和政策的应用者、实施者及实现者，更是企业知识产权相关岗位职能的具体操作者。第二，知识产权复合型人才主要体现在产业链、创新链上相关企业、服务机构等知识产权事务中，熟练运用涉及技术、法律、经济、情报信息、外语等相关知识的专业人才。这种人才的培养需要高校相关学科专业的系统交叉培养，或者注重专业人才的知识能力的叠加，培养具备技术、法律、经济、情报信息、外语等知识和能力的专业人才的团队组合。总之，产教融合需要高校学科之间交叉培养，并通过企业知识产权实践，提升知识人才的复合能力。

（二）创新高校知识产权人才培养体系

为了更加契合企业对于知识产权人才的需求，激励高校创新知识产权人才培养模式，培养社会急需紧缺人才，国家有关部门应顺应国际国内知识产权发展形势，尽快调整学科专业目录，增设知识产权类别的博士、硕士学位授权交叉学科和知识产权专业学位，同时创新知识产权本科应用型人才培养模式，培养知识产权复合型、应用型人才。

1. 新增加知识产权博士、硕士学位授权交叉学科

根据 2020 年 3 月 30 日公布的《国务院学位委员会关于下达 2019 年学位授权自主审核单位撤销和增列的学位授权点名单的通知》，在学位授权点类型上，除设立传统的硕士、博士学位授权一级学科之外，在学位授权点类型上新增了 3 所高校的博士学位授权交叉学科和 1 所高校的硕士学位授权交叉学科。这意味着国家相关部门已在推进符合条件的高校开展学科建设创新和人才培养创新。知识产权涉及法学、技术、管理、经济等方面问题，而非单纯的法律政策问题。越来越多的高校和实务界呼吁设立知识产权交叉学科，进一步推动知识产权人才培养。本文建议，当前我国正在修改调整高校学科专业目录，组织知识产权及其相关领域专家提出论证方案，在考虑新增学位授权点类型博士、硕士学位授权交叉学科时，应将知识产权列为新增学位授权点名称。

设置知识产权博士学位授权交叉学科或知识产权硕士学位授权交叉学科，不仅要具有明确的研究对象，并具备和形成成熟的学科体系、相对独立的理论体系及研究方法，还要考虑人才培养、师资和社会需求。

设置知识产权博士学位授权交叉学科或硕士学位授权交叉学科，首先要考量是否具有明确的研究对象。知识产权学科的研究对象应该是知识产权创造、保护、运用、管理全链条，具体来说已形成以下四个方面较为稳定的研究对象：知识产权创造，包括知识产权创造政策、创造方法、创造策略、创造要素等问题；知识产权保护，主要包括知识产权司法保护、行政保护、企业保护、国际保护等问题；知识产权运用，主要包括知识产权运用策略、运营模式、风险控制等问题；知识产权管理，主要包括知识产权行政管理、区域管理、行业管理、企业管理、公共服务等问题。

设置知识产权博士学位授权交叉学科或硕士学位授权交叉学科，重要的是考量是否具备或形成成熟的学科体系、相对独立的理论体系及研究方法。

在法学一级学科下设知识产权法学已经有相当长的历史，积累了丰富的学术研究成果和教学方法，博士学位授权交叉学科或硕士学位授权交叉学科单独设立知识产权法方向是成熟的。《国务院关于新形势下加快知识产权强国建设的若干意见》提出在管理学和经济学中增设知识产权专业。设置知识产权管理学、知识产权经济学有了政策依据。世界知识产权组织认为，知识产权保护已经成为国家经济政策的重要组成部分，各国政府都面临着如何设计知识产权制度，让其更好地为政策目标服务，并对可能挑战现状的技术和商业模式的变革做出反应。❶ 世界知识产权组织把知识产权经济学作为一个重点内容在推动。由于知识产权与技术联系密切，尤其是创新驱动下对技术创新的知识产权保护要求，各国相继设立知识产权与技术相关专业，培养研究生服务技术进步。

如前所述，目前我国部分高校已经分别在法学、工商管理、管理科学与工程、公共管理、图书情报与档案管理、情报学、信息与通信工程、药学等一级学科领域探索设置了知识产权法、知识产权管理、知识产权情报研究、工业互联网与知识产权大数据、新型释药系统开发与知识产权保护等研究方向。根据已有成熟的知识产权相关学科建设经验，考虑知识产权与法律、经济、管理、情报等学科交叉，可以设置知识产权政策、知识产权法、知识产权管理、知识产权经济、知识产权教育等交叉学科方向。还要考虑与技术类学科交叉，设置（某领域）技术与知识产权，其中技术类学科可以依据各高校学科优势和特色设立，既体现学科交叉，又培养具有理工科技术基础的复合型人才。

知识产权交叉学科是技术科学与社会科学之间、自然科学与社会科学之间相互结合发展而形成新的交叉学科。作为设置知识产权交叉学科的研究方法，根据知识产权交叉学科的多元属性，具体而言是法学、管理学、经济学、情报学、技术科学、自然科学等研究方法的交叉和融合，即运用法学、管理学、经济学、情报学、技术科学、自然科学等多学科的理论、方法和成果，从整体上对知识产权某一问题进行综合研究的方法，是一种跨学科的研究方

---

❶ 参见世界知识产权组织官网主页，载 https://www.wipo.int/econ_stat/zh/economics/，最后访问日期：2020 年 4 月 11 日。

法。知识产权交叉学科可以采取定性分析与定量分析、实证分析与规范分析、系统科学分析与个案分析等方法交叉与融合。目前的研究多是基于某单一学科的理论和方法，随着学科建设的深入，研究范式将逐步独立形成体系。当然，现代科学研究亦是复杂多样，很多问题的研究范式也并无定式，需要不断总结和提炼。

2. 设立知识产权专业学位

《国务院关于新形势下加快知识产权强国建设的若干意见》提出加强知识产权专业学位教育。[1] 知识产权事业发展急需大量知识产权实务人才，这与专业学位研究生的培养目标非常契合。为此，现阶段通过发展知识产权专业学位教育是解决我国知识产权实务人才缺乏问题的有效途径。本文建议，在知识产权硕士和博士研究生阶段的高层次人才培养过程中，应增设知识产权专业学位，培养高层次知识产权复合型、应用型人才。[2] 专业学位在培养目标、培养方式、课程设置内容要求等方面应有不同安排。其中，在培养方式、课程设置方面要致力于基础理论层级、专业理论层级和实务与技能层级的培养和提升，适应相当长一段时间内国际国内形势和经济社会发展对知识产权复合型、应用型人才的需求。

在知识产权专业学位培养目标方面，第一，知识产权专业硕士学位阶段，要适应创新型国家建设和知识产权强国建设需要，主要面向行政机关、企业、知识产权服务机构、律师事务所等相关单位，通过系统培养使学生具备良好的政治思想素质和职业道德素养，具有国际视野，具备法学、技术、管理、经济等学科复合性知识，具备创造、保护、运用、管理和服务等环节实务技能的应用型人才。第二，在知识产权专业博士学位阶段，培养目标要适应创新型国家建设和知识产权强国建设需要，面向国家行政机关、国际合作组织、科研院所、大型企业、高等院校、高端咨询服务机构、涉外律师事务所等相关单位，通过系统培养，使学生具备良好的政治思想素质和职业道德素养，

---

[1] 《国务院关于新形势下加快知识产权强国建设的若干意见》，载 http://www.gov.cn/zhengce/content/2015-12/22/content_10468.htm，最后访问日期：2020 年 3 月 25 日。
[2] 费开智. 关于开设我国知识产权专业硕士学位教育的探讨 [J]. 知识产权，2020 (2)：76.

熟悉知识产权国际规则，培养具有扎实的法学、技术、管理、经济等学科复合性知识，具备创造、保护、运用、管理和服务等环节实务技能和应用对策研究能力的国际化高端应用型人才。

在知识产权专业学位培养方式方面，有三种可采取的方式。第一，采用校内和产业双导师制。校内导师由培养学校具有硕士和博士研究生导师资格的专业教师担任；产业导师由来自知识产权实务部门，具有一定专业实务年限和较强专业能力的专家担任。其中，专业博士研究生产业导师还需要具有博士学位和应用对策研究能力等资格和能力。第二，注重"事上练、干中学"。采取理论学习与深入实践相结合的方式，系统的专业课程学习与知识产权工作实践紧密结合，学生在校内导师指导下，加强基础理论和复合性知识的学习；在产业导师指导下开展知识产权实务工作，加强实践能力。对专业博士还要加强对国际国内知识产权形势研判和应用对策研究，注重培养处理知识产权国际事务和纠纷的能力。第三，实行校企共招、联合培养。专业学位研究生人才培养离不开企业的参与和配合，要推动知识产权优势企业参与专业学位研究生教育办学。可以探索有条件、有实力的知识产权优势企业与高校合作，实行校企共招、联合培养专业学位研究生，使得知识产权优势企业参与专业学位研究生教育办学，发挥企业知识产权实务专家在培养专业学位研究生中的积极作用。

在知识产权专业学位课程体系设置方面，突出理论与实践相结合的原则，将课程设置为学位课程、非学位课程和实践课程三类。第一，学位课程是依据专业学位学生都必须具备的基础理论知识和专业知识而设置的课程。学位课程又分为公共基础课和专业必修课两个模块，公共基础课模块主要由研究生英语、法学、管理学、经济学、工程技术等基础理论课程构成，专业必修课模块主要由知识产权基础性专业课程构成。第二，非学位课程是依据学生在本科和硕士阶段的知识背景及其应当具备的相关实务能力，结合各高校的办学特色，可供学生自主选择的课程模块。第三，实践课程是为提升知识产权专业学位学生的实践操作技能而设置的课程，主要指知识产权实务的各类操作实践。这类课程可以采取产业导师授课、购买服务、专题培训、项目学习和实践等多种方式完成。专业博士课程要加大对知识产权相关国际规则内容的学习，强化对高端应用对策报告撰写的课程训练。

在知识产权专业学位教育与职业发展衔接方面，知识产权专业学位教育可与知识产权或法律类职业资格、职称有效衔接。目前，知识产权类的职业资格类有专利代理师，职称类有知识产权师系列，法律职业资格类的有国家统一法律职业资格考试。第一，与专利代理师衔接。《专利代理条例》（2018年）第 10 条规定，具有高等院校理工科专业专科以上学历的中国公民可以参加全国专利代理师资格考试；考试合格的，由国务院专利行政部门颁发专利代理师资格证。因此，知识产权硕士、博士只要本科有理工科专业背景就可以报考专利代理师。第二，可以报考知识产权师。自 2020 年起，知识产权师被列入经济专业技术资格考试系列，知识产权专业职称分别为助理知识产权师、知识产权师、高级知识产权师。知识产权专业技术资格须遵循经济师考试条件，《经济专业技术资格规定》第 8 条规定，凡从事经济专业工作，具备国家教育部门认可的高中（含高中、中专、职高、技校，下同）以上学历，均可报名参加初级经济专业技术资格考试。按照此规定，大学本科学生就可报考，知识产权硕士、博士当然可以报考初级知识产权师。《经济专业技术资格规定》第 9 条规定："具备下列条件之一者，可以报名参加中级经济专业技术资格考试：（一）高中毕业并取得初级经济专业技术资格，从事相关专业工作满 10 年；（二）具备大学专科学历，从事相关专业工作满 6 年；（三）具备大学本科学历或学士学位，从事相关专业工作满 4 年；（四）具备第二学士学位或研究生班毕业，从事相关专业工作满 2 年；（五）具备硕士学位，从事相关专业工作满 1 年；（六）具备博士学位。"因此，知识产权硕士、博士都有条件报考知识产权师。第三，力争列入国家统一法律职业资格考试范畴。《国家统一法律职业资格考试实施办法》第 10 条规定，具备全日制普通高等学校法学类本科学历并获得学士及以上学位；全日制普通高等学校非法学类本科及以上学历，并获得法律硕士、法学硕士及以上学位；全日制普通高等学校非法学类本科及以上学历并获得相应学位且从事法律工作满三年，可以报名参加国家统一法律职业资格考试。由于知识产权最为基础的基本理论和基本知识仍然是法学，知识产权专业学位应当被允许参加国家统一法律职业资格考试。本文建议新增加知识产权硕士与法律硕士、法学硕士同等地位，可以参加国家统一法律职业资格考试。

3. 创新知识产权本科应用型人才培养模式

(1) 充分理解《国家标准》创新知识产权本科专业培养

《国家标准》规定了法学类本科专业质量标准，但为创新知识产权本科应用型人才培养模式预留了很大空间。

从培养目标上看，培养复合型、职业型、创新型法治人才及后备力量即为知识产权人才培养目标预留了发挥的余地。知识产权人才的复合是多种知识体系的融合，是法律、技术、管理、经济等学科知识的"化学反应"。职业型，顾名思义，试图与法律职业紧密相关，实质上是指培养法律应用型人才。创新型人才指富于开拓性，具有创造能力，能开创新局面，对社会发展做出创造性贡献的人才。因此复合型、职业型、创新型人才实质上可以归类于复合性应用型人才。从课程体系分析，虽然法学类课程占据了11门，但根据知识产权人才结构特性设置了3门非法学类课程，相较之下已有所突破。《国家标准》还规定，各专业可根据自身培养目标与特色，设置专业必修课程学分。专业选修课程应当与专业必修课程形成逻辑上的拓展和延续关系，并形成课程模块（课程组）供学生选择性修读。各专业可以自主设置专业选修课程体系，高校可以根据知识产权发展的特点，结合本校学科专业和区域优势，自主设置专业选修课程体系。如理工科大学可以根据学校特色，设置理工科课程模块培养学生理工科基础，为培养复合型人才打下基础。

《国家标准》鼓励开发跨学科、跨专业的新兴交叉课程与创新创业类课程。如结合人工智能的发展，可以设置人工智能与知识产权交叉课程，为使学生适应"双创"并为创新创业企业服务，设置创新创业与知识产权保护课程。

(2) 采取多种模式培养复合型、应用型知识产权本科人才

根据2019年国务院印发的《学士学位授权与授予管理办法》（学位〔2019〕20号）（以下简称《办法》）和2020年5月教育部发布的《教育部办公厅关于在普通高校继续开展第二学士学位教育的通知》（教高厅函〔2020〕9号），高校可以采取多种方式培养复合型、应用型知识产权本科

人才。

第一，辅修学士学位模式。《办法》第 14 条规定，具有学士学位授予权的普通高等学校，可向本校符合学位授予标准的全日制本科毕业生授予辅修学士学位。授予辅修学士学位应制定专门的实施办法，对课程要求及学位论文（或毕业设计）作出明确规定，支持学有余力的学生辅修其他本科专业。辅修学士学位应与主修学士学位归属不同的本科专业大类，对没有取得主修学士学位的不得授予辅修学士学位。辅修学士学位在主修学士学位证书中予以注明，不单独发放学位证书。多年来，部分高校为了让知识产权本科专业学生具有理工科基础，就已经探索采取"知识产权专业+辅修某理工科专业"获得理学或工学学士学位，或者采取"理工科本科专业+辅修知识产权本科专业"获得法学学位等办法。

第二，设立双学士学位模式。《办法》第 15 条规定，具有学士学位授予权的普通高等学校，可在本校全日制本科学生中设立双学士学位复合型人才培养项目。这种项目必须坚持高起点、高标准、高质量，所依托的学科专业应具有博士学位授予权，且分属两个不同的学科门类。项目须由专家进行论证，应有专门的人才培养方案，经学校学位评定委员会表决通过、学校党委常委会会议研究同意，并报省级学位委员会审批通过后，通过高考招收学生，是学生高考志愿的一种选择而非进校后的选择。本科毕业并达到学士学位要求的，可授予双学士学位。双学士学位只发放一本学位证书，所授两个学位应在证书中予以注明。

第三，联合学士学位模式。《办法》第 16 条规定，具有学士学位授予权利的普通高等学校之间，可授予全日制本科毕业生联合学士学位。联合学士学位应根据校际合作办学协议，由合作高等学校共同制定联合培养项目和实施方案，报合作高等学校所在地省级学位委员会审批。这种模式是否适合不同省市的高校联合，并没有限制，但是两所联合高校均须有相同的学士学位授权专业。联合学士学位模式的目的是利用两校相同的专业不同的资源形成的特色，培养复合型人才。如理工科类和政法类高校知识产权专业在法律教学资源和理工科教学资源不同，联合培养学生授予联合学士学位，就能实现优势互补并培养复合型人才。这种模式合作须有适当的机制保障，还要依赖两所高校有大致相同的水平，或者有相互特色吸引，否则没有联合培养的动力。

第四，第二学士学位教育模式。第二学士学位教育是指不同本科专业类下的专业已准予毕业获得学士学位之后，再报考另外一个专业，获得第二学士学位。第二学士学位教育作为大学本科后教育，此种模式是培养适应社会发展的复合型人才的重要渠道。2020 年 5 月发布的《通知》明确鼓励高校依托"双一流"建设学科专业增设第二学士学位专业。市场需要大量的复合型、应用型知识产权人才，就需要知识产权与理工科、管理学、经济学等学科专业的交叉融合。第二学士学位模式非常适合培养具有完整、系统的理工科等学科专业背景的知识产权人才。

(三) 构建产教融合知识产权人才培养联盟

为了降低校企双方合作的制度性交易成本，《国家产教融合建设试点实施方案》提出，推进行业龙头企业牵头，联合高等学校组建实体化运作的产教融合集团（联盟），搭建行业科研创新、成果转化、信息对接、教育服务平台，聚合带动各类中小企业参与。知识产权产教融合联盟是企业知识产权人才需求与高校知识产权人才供给有效对接的基本机制，更是企业知识产权工作与高校学科建设专业发展的命运共同体。本文建议构建以"行业龙头企业为牵引，高校为核心，行业协会为推手，中小企业积极参与，区域为依托"的知识产权产教融合联盟。

第一，行业龙头企业牵头组建产教融合知识产权人才培养联盟。企业需要知识产权人才服务支撑，同时又是培育知识产权实务人才而承担社会责任的机构，其有动力有能力牵头组建联盟。牵头组建产教融合知识产权联盟的行业龙头企业主要有两种情况，一是知识产权（专利）密集型行业的龙头企业。知识产权（专利）密集型产业是指发明专利密集度、规模达到规定的标准，依靠知识产权参与市场竞争，符合创新发展导向的产业集合❶，如信息通信技术制造业，信息通信技术服务业，新装备制造业，新材料制造业，医药

---

❶ 参见国家统计局发布的《知识产权（专利）密集型产业统计分类（2019）》（国家统计局令第 25 号，已于 2019 年 4 月 1 日起正式实施）。

医疗产业，环保产业，研发、设计和技术服务业等七大类的龙头企业，这种行业的龙头企业知识产权创造数量多、质量高，知识产权保护、运用工作任务重，需要的知识产权专业服务人才较多。二是知识产权服务行业的龙头企业，如专利代理、知识产权诉讼等领域的龙头企业，这种服务性质的企业专门从事知识产权全链条服务，急需大量专业人才。

第二，高校为产教融合知识产权人才培养联盟核心。人才培养的主体在高校，牵头或参与联盟的企业须支持高校人才培养，高校为人才培养的核心。参与联盟的高校主要应该包括培养知识产权硕士研究生和本科生的高校。

第三，行业协会助推知识产权人才培养。两大类行业协会推进知识产权人才培养，第一类是知识产权行业协会，如中华全国专利代理师协会、中华商标协会、中国版权协会等。第二类是相关行业协会，如中国计算机行业协会、中国电子材料行业协会等。这些协会也是由众多相关产业链上的企业组成的。创新是推动社会经济发展的动力源，社会经济发展又推进知识产权人才培养，促进持续创新。

第四，中小企业积极参与联盟。中小企业基础薄弱，知识产权创造、保护不足，运用能力较差，但是中小企业数量较大，中小企业参与联盟，一方面可以寻求知识产权服务支持，另一方面可以提供较多的人才需求岗位。

第五，区域支撑知识产权人才培养。区域政府部门主要提供政策支持，规划产教融合试点城市、行业、企业，同时支持知识产权人才发展。区域的经济发展和科技创新能力直接影响到知识产权人才培养和使用，尤其是产教融合试点城市应具有较强的经济产业基础支撑和相对集聚的教育人才资源，对知识产权人才培养有优势。

（四）校企协同培育知识产权人才

深化知识产权产教融合，促进教育链、人才链与产业链、创新链的有机衔接，逐步消除知识产权人才培养供给侧和产业需求侧"两张皮"问题，创新培育知识产权人才链，推进知识产权人力资源供给侧结构性改革。

1. 企业主动参与知识产权人才链培育过程

产业链相关企业与教育链相关高校融合，协同合作参与知识产权人才链培育过程。第一，产业链相关企业要深度参与高校人才培养方案设计。制订知识产权人才培养方案，应适当地邀请产业界链上企业家、专利代理师、律师、法官、政府知识产权相关部门等参与，从产业链相关企业和单位实际需求角度，对知识产权人才培养提出合理建议。具体而言，对学校知识产权专业规划、教材开发、教学设计、课程设置提出建设性建议。高校根据学科专业建设要求和人才培养规律，结合产业界链上企业的建议，制订知识产权专业人才培养方案的人才培养目标、培养要求、主干课程、核心课程、主要实践性教学环节等。第二，促进校企人才双向交流。高校可以建立产业导师特设岗位，支持产教联盟企业知识产权实务专家以产业导师名义到学校任教，参与知识产权人才培养的全过程，如采取嵌入式教学、联合课程教学、专题讲座等多种方式参与课堂教学；或者参与指导学生实验、实训、实践活动、毕业答辩等；或设立聘任制教师岗位，邀请实务界专家作为校外合作硕士导师参与指导研究生等。同时，推动高校专任教师到企业定期实践锻炼制度化，促进校企人才双向交流。

2. 企业与学校共建共享服务性实训基地

产教联盟成员的企业等与高校开展服务性实习实训合作。第一，通过引企驻校方式共建实习实训基地。对中小科技型企业在学校建立知识产权托管平台、专利代理机构在学校设立实训点等方式，在学校建设企业服务性实训基地。重点把企业知识产权创造、保护和运用、管理、服务等系统引入高校，设计开发知识产权全链条仿真实验系统和沙盘模拟，既可以培训在校学生，使学生了解、熟悉企业知识产权实务工作，同时也可以供企业新员工到实习、实训系统快速熟悉知识产权相关操作业务和流程。第二，以引校进企方式在企业建立服务性实习基地。高校在联盟企业等单位成员里建立服务性实习基地，并设置专门的实际岗位上安置学生实习，并配备专门的实务指导老师指导学生实习实践，每年定期接受一定数量实习学生。第三，鼓励其他企业直接接收学生服务实习。联盟内部成员没有设立实习基地的，或者联盟之外的企业，也需要鼓励其直接接收学生分散服务实习、实训。

3. 通过知识产权专项培训提升学生实务能力

高校自身特性决定了无法直接培养知识产权实务技能，同时在企业知识产权工作快速发展，高校学科专业发展无法跟上知识产权实践发展的步伐之时，就需要给学生提供实务能力提升"加餐式"补课，提供人才培养方案正常教学任务以外的知识和能力。

高校可以通过技能训练、教学创新改革专项知识产权实务技能培训和能力提升，强化知识产权实务人才的培养，如订单式人才培养模式，实现理论学习、实务技能培训、实习直通就业的全面衔接。教学经费可以采用高校专项资金、政府资助和联盟支持，甚至人才使用单位出资、引入投资等方式实现。参与受训的学生可以是单个高校的学生，也可以由联盟成员高校学生共享。高校还可向企业购买技术课程和实训教学服务，支持企业参与办学，同时提高学生的实务能力。

我国理工背景知识产权教育与人才培养模式探析

冯晓青

作者简介：冯晓青，男，湖南长沙人，中国政法大学民商
经济法学院教授，博士，博士生导师。知识产
权法研究所所长，无形资产管理研究中心主任，
中国知识产权法学研究会副会长。研究方向：
知识产权法。

一、引言

知识产权制度是一种激励创新和保护创新成果的基本法律制度。在市场经济中，知识产权制度是法律、技术和经济高度结合的产物。当前，随着知识经济的凸显、科学技术的迅猛发展，知识产权制度在我国经济社会生活中的地位日益重要。国务院在 2008 年 6 月 5 日即发布了《国家知识产权战略纲要》，2015 年年底又发布了《关于新形势下加快知识产权强国建设的若干意见》。随着我国创新驱动发展战略的深入实施，知识产权制度在激励创新、保护创新成果、协调围绕创新而产生的利益关系方面的作用更大，在创新型国家建设进程中更加重要。

我国知识产权制度深入实施，离不开大量具有知识产权专业素养的知识产权专门人才。根据国家知识产权局发布的《知识产权人才"十三五"规划》，所谓"知识产权人才"，是指"从事知识产权工作，具有一定的知识产权专业知识和实践能力，能够推动知识产权事业发展并对激励创新、引领创新、保护创新和服务创新作出贡献的人。知识产权人才是发展知识产权事业和建设知识产权强国最基本、最核心、最关键的要素"。《国家知识产权战略纲要》指出，要大规模培养各级各类知识产权专业人才，重点培养企业急需的知识产权管理和中介服务人才。《国务院关于新形势下加快知识产权强国建设的若干意见》指出，要加强知识产权专业人才队伍建设。

知识产权人才是我国知识产权事业发展的人力资源保障，也是落实我国知识产权各项工作、深入贯彻实施国家知识产权战略的重要保障，在推进知识产权强国建设中具有举足轻重的地位。❶ 知识产权人才无疑存在多种形式，其中具有理工背景知识产权人才具有独到的特色和优势，是我国知识产权人才队伍和结构中十分重要的组成部分。这是因为，知识产权是基于民事主体从事发明创造、文学艺术和科学作品创作以及工商业标记而产生的专有权利，知识产权中有相当一部分内容，尤其是专利制度、技术合同、技术秘密、集成电路布图设计等涉及技术内容更多，而这些相较于文学艺术和科学作品以及标识类知识产权，其与技术创新之间具有更密切的联系。理工背景知识产权人才因而针对技术类型知识产权具有"天然的"优势。当然，知识产权制度毕竟首先是一种法律制度，理工背景知识产权人才从事知识产权工作仍然要立足于知识产权法律。然而，理工背景知识产权人才往往缺乏系统的法学教育，这样就使得理工背景知识产权人才培养需要立足于其自身特色，符合理工背景知识产权人才的培养规律和社会需要。

笔者是文科出身，培养知识产权专门人才的单位也非理工科院校，探讨本主题似乎不大合适。但实际上，中国政法大学法律硕士阶段培养的知识产权人才大多是来自理工科背景的学生，在多年的针对理工背景的法律硕士培养中，逐步积累了一些经验和心得，值得总结和分享。而且，作为中国政法大学知识产权法国家重点学科负责人和学术带头人，笔者十分关注我国各类知识产权人才培养的研究和动态。同时，作为知识产权人才培养的一个方面，理工背景知识产权人才培养与非理工背景知识产权人才培养具有一些共同的规律。基于此，本文拟以知识产权人才培养的学历层次为主线❷，紧密结合理工背景知识产权人才的特点，探讨我国理工背景知识产权人才教育与人才培养模式及其创新实践。

二、理工背景知识产权本科教育

我国目前在相当一部分高校开设了知识产权本科专业，授予法学学士学位。在招收的知识产权专业学生中，很多院校允许具有理工背景（高中）的

---

❶ 冯晓青，王翔. 我国知识产权学历教育及教学科研机构研究 [J]. 武陵学刊，2015（2）：131-139.

❷ 吴汉东. 知识产权的学科特点与人才培养要求 [J]. 中华商标，2007（11）：11.

学生报考。关于知识产权本科专业，目前我国知识产权学界对其存废存在一定的争议，其中相当一部分具有良好法学师资条件的主流院校就没有开设该专业，我校即为一例；但知识产权本科专业招生有扩大的趋势。因此，如何就理工背景学生进行知识产权系统化教育，是值得探讨的重要问题之一。笔者认为，首先，需要对知识产权本科教育予以合理定位。其次，需要针对理工背景学生的特点就知识产权本科教育与人才培养模式予以探讨和思考。

从一般意义上的知识产权本科教育来看，需要符合知识产权的学科特点。根据著名知识产权法专家吴汉东教授的观点，知识产权的学科特点是"以民法理论为基础""以多学科知识为背景""以基本理论问题和实践问题为研究对象"❶。基于此，在知识产权本科专业人才培养目标上，应当培养具有较为全面的法学专业基础和一定的多学科背景、关注知识产权理论和实务问题的综合性专门人才。知识产权本科专业通常挂靠于法学院或者法律系门下，或者在知识产权学院下设，学生获得的学位通常也是法学学位，因此法学素养的培养尤为重要，尤其是法学、民法学根底，兼及经济学、管理学等相关门类专业知识。同时，要通过在人民法院、律师事务所和企业实习实践等，获得知识产权实务方面的熏陶和训练。

从理工背景知识产权本科专业人才培养来看，尤为需要强调的是培养法律思维和掌握法学研究方法。理工背景学生进入大学学习知识产权专业本科课程后，会感觉到思维方法、学习方法上的巨大改变，甚至有些不适应。为此，需要注重学习和思维方法引导，并在开设的专业课程中精心设计课程模块。从我国一些高校开设知识产权本科专业课程的情况看，有的学校采用法学课程、管理类课程和理工类课程各占 1/3 的方式，有的则以法学课程（本科知识产权各专门法）为主，兼顾管理类课程。笔者所在学校虽然没有开设知识产权本科专业，但从对其的关注和经常参与知识产权人才培养方面的研究讨论来看，首先需要明确学校开设知识产权本科专业的人才培养定位。对此，理工科院校和文科院校可能有所不同，如表 1 所示。

---

❶ 吴汉东. 知识产权的学科特点与人才培养要求 [J]. 中华商标，2007（11）：11.

表 1 　理工科院校和文科院校知识产权人才去向与职业性质对比

类型	未来去向	职业性质
理工科院校	专利代理师、专利律师、专利工程师、专利审查员，擅长处理技术类型知识产权案件的法官、仲裁员等	技术类型知识产权专门人才
文科院校	知识产权诉讼律师、知识产权法官、知识产权法律顾问、知识产权管理人员、知识产权教学科研人员等	法律见长的知识产权法律人才和知识产权管理人才

　　笔者认为，无论是理工院校、文科院校还是综合院校，就理工背景知识产权本科专业人才培养来说，高中期间所学理科并非真正意义上的理工背景，知识产权本科专业教育仍然需要立足于法学，同时兼顾管理学、经济学等相关学科的学习。有条件开设理工科专业的高校，则可以采取开放式教育模式，鼓励或者允许知识产权专业本科学生选修理工科第二学士学位，按照学校正常教学计划，可以在本科 4 年之内获得两个学士学位。这样，经过系统的理工科专业学习和知识产权专业学习，较之于仅获得法学学士学位的知识产权专业本科生，未来从事知识产权工作更具有优势和竞争力。当然，相当一部分学校不具备在知识产权本科专业学生中增选理工科学士学位板块的条件，此时仍需要以知识产权法学和知识产权管理学作为突破口，并立足于法学学科，以便学生未来更好地适应知识产权实务工作需要。

三、理工背景知识产权硕士教育与人才培养

　　这里讨论的理工背景知识产权硕士教育与人才培养，主要是指学生本科阶段专业为理工类，而非其他专业门类。从实际情况看，虽然民商法硕士点或者相关法学专业下设立的知识产权法学研究方向或者部分高校独立设置的知识产权法专业硕士点并没有明确限制理工类等非法律专业本科毕业学生报考知识产权法专业硕士生，但理工背景本科毕业生真正考上知识产权法专业学术型硕士的极少，一般考上的是非法学法律硕士。仅以中国政法大学为例，其独立的知识产权法专业硕士点从 2009 年开始招生，每年招收约 25 名学术型硕士，几乎从未有理工背景的非法学专业本科生报考过该专业，更遑论录

取问题。在非法学法律硕士中，则每年均有部分学生选择从事知识产权法研究，其中主要来自理工背景学生。以笔者近些年招收的非法学法律硕士为例，几乎"清一色"是理工背景。因此，本部分主要结合笔者培养理工背景知识产权法研究方向法律硕士的经验和做法，探讨理工背景知识产权硕士教育与人才培养问题。

（1）需要找准相关人才培养的思路和定位。根据吴汉东教授的观点，"知识产权人才应当是复合型人才""知识产权人才应当是高端型人才""知识产权人才应当以应用型、国际型人才为主"❶。上述特点也非常适合于理工背景知识产权硕士人才培养，因为理工背景知识产权硕士教育显然横跨了理工和知识产权法学专业，属于复合型人才范畴；理工背景知识产权硕士教育作为知识产权法教育的较高层次，也属于知识产权高端型人才培养范畴。同时，理工背景知识产权硕士人才培养，具有典型的应用型人才培养特点。事实上，理工背景知识产权硕士教育本来就是为了与学术型硕士教育相区别而构建的一种独特型专业学位。学生毕业后，除极个别有机会继续深造外，大多到律师事务所、法院、企事业单位、知识产权行政确权部门等从事知识产权法律或者管理实务工作。至于国际型人才的需求，基于当代知识产权国际化特点以及全球经济一体化进程，知识产权相关工作需要国际视野。简单地说，理工背景知识产权硕士人才培养最主要的还是复合型与应用型人才培养。

（2）需要建立实现人才培养目标的导师队伍，提高导师对理工背景法律硕士培养的热情和积极性，培养理工背景学生的法学思维和对知识产权法学专业的兴趣。开展理工背景知识产权硕士教育与人才培养的学校，一般来说是首先有了知识产权法学术型硕士点或相关研究方向，然后才开始招收非法学法律硕士。由于整体上理工背景学生法学专业根底较差，且缺乏科班的法学教育，一些学校的知识产权法专业或者研究方向的导师不愿领受指导任务，即使勉强领受，其对指导学生的积极性也不高。这种情况必然会在很大程度上影响指导工作的效果。为此，笔者认为探索如何调动导师指导理工背景法

---

❶ 吴汉东. 知识产权的学科特点与人才培养要求 [J]. 中华商标，2007（11）：11.

律硕士的积极性具有重要意义。除了充分利用校内知识产权法专业或相关研究方向硕士生导师资源，一种重要的辅助性措施是聘请校外社会各界知识产权领域专家学者担任兼职教授，同时聘其为理工背景等专业法律硕士的合作导师，并适当安排专业课程教学任务。以中国政法大学为例，每年法律硕士分流到知识产权法研究方向的主要是理工背景学生，有四五十名。由于学术型硕士指导工作任务繁重，学校法律硕士学院除了充分利用十多名知识产权法专业学术型硕士生导师，还先后分几批聘请了近150名从事知识产权实务工作的兼职教授，并聘请其担任理工背景等专业法律硕士的合作导师，直接指导学位论文开题、撰写和完善，还安排了兼职教授的授课任务。法律硕士学院成立以来，这种立足于校内导师、充分利用校外专业资源的人才培养模式取得了显著的效果：它不但在一定程度上减轻了校内学术型硕士生导师的工作负担，而且使学生直接获取了大量知识产权实务方面的经验和熏陶，为毕业后尽快适应工作需要奠定了良好基础。还值得指出的是，如前所述，理工背景学生学习知识产权，需要逐步形成法学思维，理工背景硕士更是如此。由于其在本科阶段一般没有经过系统的法学专业教育，在步入法律硕士阶段后显得一时难以适应。这就需要通过导师的指导、听取专门的学术讲座及阅读相关论著，让学生逐步养成法学思维习惯。不仅如此，由于理工背景知识产权硕士未来基本上是要从事知识产权法方面的实务工作，学校导师和相关机构还需要引导学生树立对法律的信仰，将正确的人生观、世界观潜移默化于法律专业学习中。一旦理工背景硕士形成了明确的法律信仰，他们就会对法律硕士专业的学习充满热情和兴趣，而这对于他们未来从事与知识产权法相关的法律实务工作将终身受益。

(3) 需要科学设置专业课程与培养方案。鉴于理工背景知识产权硕士此前未接受过系统的法学专业教育的现实，在其硕士阶段需要设置系统的法学基础课程和专业课程。同时，在知识产权法研究方向专业课程设置方面，应注重体系化特色及理论与实践应用相结合的特色。通过研究相关高校开设理工背景等非法学法律硕士知识产权法专业课程，可以归纳出以下特点：①开设"知识产权法总论"之类课程，使学生对知识产权法有系统的了解；②就知识产权法专门法律，开设"著作权法""专利法""商标法""反不正当竞争法"等课程,同时开设"知识产权典型案例研究""知识产权实务"等知识产权法律实务课程,以及"知识产权经营管理""企业知识产权战略"等管理类实务课程;③开设"创新管理与知识产权""知识产权文献检索与应用"等选修性质实务课程。此外,理工背景知识产权硕士教育培养方案要体现复合型、应用型人才培养目标及其实施措施。

(4)需要重视必要的科研训练。这里的科研训练主要包括参与导师科研课题研究、独立申报与完成学校各类面向硕士生的科研项目,还包括必要的写作训练以及掌握硕士学位论文的写作要领和方法。科研课题研究是理工背景硕士学术之路的重要参与方式。课题从申请到立项再到研究和结题,可以覆盖诸多相关专业知识和信息,能够培养解决问题的能力、探索精神和创新能力。笔者近几年在主持一项国家社科基金重大项目时就注意安排理工背景法律硕士参与,经过几年的训练,他们不但为课题顺利完成提供了一些实质性帮助,更主要的是其通过参与导师的科研项目,培养了科研兴趣、团队与合作精神,以及分析问题和解决问题的能力。另外,需要指导理工背景硕士多阅读相关精品著作和论文,适当尝试撰写研究性文章。由于理工背景硕士以前很少撰写法学方面的论文,如果不进行适当的撰写论文方面的科研训练,就很难避免最后一年左右撰写的学位论文质量不高的问题。相反,经过严格的科研训练,理工背景硕士能够掌握法学论文的写作思路和技巧,为撰写一篇高质量的学位论文奠定良好基础。

(5)需要重视必要的实践训练。实践训练包括在人民法院、律师事务所、企业等单位进行的实习和实践工作,还包括参与导师或者导师组组织、安排的疑难案件研讨与学术沙龙等活动。如前所述,知识产权人才具有应用型人才的特点,对于理工背景知识产权硕士人才培养而言,应用型人才特点更加凸显。● 为此,在专业学习基础上,适当安排理工背景知识产权硕士去相关单位从事专业实践活动具有必要性。根据中国政法大学的经验,既可以由学生自主联系或者导师推荐,也可以到学院定点联系的相关实习基地轮流进行实习。其中实习基地建设非常重要,它可以促成学院和基地之间互相了解,也

● 刘友华,杨振中. 多元化知识产权人才培养机制研究:以制定《湖南省知识产权人才发展规划纲要(2010—2020)》为背景[J]. 当代教育理论与实践,2011(7):158-160.

便于加强对学生的管理和信息反馈，使理工背景知识产权硕士确实能够从实践中学习到实务经验。

四、理工背景知识产权博士教育与人才培养

理工背景知识产权博士教育与人才培养是理工背景知识产权人才培养的较高层次。一般而言，步入知识产权博士阶段教育，在知识产权法学专业博士点或者相关法学研究方向具有理工背景的人才较少。以笔者近些年来指导的20余名知识产权法专业博士为例，具有理工背景的人员（本科或硕士研究生）只有5名。不过，这并不影响对理工背景知识产权博士教育与人才培养的探讨。从理论上说，理工背景知识产权博士具有某种优势，尤其是涉及技术类型的知识产权研究领域。通常，对这些学生同样需要加强法学思维训练和法学专业知识的学习。另外，在学位论文选题和内容撰写方面，可以更多地考虑结合前沿性技术领域知识产权问题加以研究，在可能的情况下也可以考虑与其理工背景专业相结合。

五、理工背景知识产权其他方面的教育与人才培养

理工背景知识产权其他方面的教育与人才培养，从高层次角度来说主要是博士后教育，从低层次来说主要是职业教育和培训。博士后教育无疑是理工背景知识产权教育与人才培养的最高层次。从笔者近些年来指导博士后研究人员的情况看，理工背景申请人申请知识产权法研究方向博士后研究，通常是从事与知识产权高度相关的工作，需要通过博士后研究提高专业水平，以便更好地适应工作需要。根据笔者的体会，理工背景知识产权博士后教育与人才培养，需要着力于以下三点。

（1）合理确定博士后期间的研究方向和研究内容。知识产权博士后主要是围绕博士后研究课题进行研究，因而选题和内容非常重要。这方面，可以适当结合理工背景相关专业进行研究，选择当前知识产权领域炙手可热且亟待加以探讨的重要问题。

（2）诠释知识产权法与跨学科相关知识。知识产权博士后教育是一种高端人才培养，要求博士后研究人员具有深厚的专业知识结构，因此需要强化

专业领域的学习和研究，扩大专业知识面的广度和深度，与知识产权法相关的管理学、经济学、社会学、心理学、文化学、艺术学等也需要积累一些基础。

（3）瞄准国际前沿，进行前瞻性研究和思考。知识产权博士后研究人员作为一种高级知识产权专门人才，理应更注重扩大国际视野，善于及时捕捉知识产权国际前沿信息和思想，为我所用。

至于理工背景知识产权职业教育和培训与人才培养，其必要性体现于现实中我国知识产权人才需求的多样性。根据我国著名知识产权法专家郑胜利教授的观点，我国知识产权专门人才可分为五种类型❶，如表 2 所示。无论属于何种类型，基于提升自身专业基础和实务经验的需要，都可以通过职业教育与定期培训等形式开展知识产权的再教育。

表 2　我国知识产权专门人才类型

人员类型	举　例
从事知识产权公共管理事务的业务人员	专利审查人员、专利复审人员、商标审查人员、商标复议人员、版权公共管理业务人员、知识产权行政执法业务人员
知识产权司法审判人员	知识产权案件的审理法官
企事业单位从事知识产权事务的业务人员	企业中知识产权部门的业务人员，大学与科研院所从事知识产权管理与交易的业务人员
社会上从事知识产权中介或服务的专业人员	专利律师、专利代理师、商标代理人、版权交易业务人员、知识产权评估专业人员
大学中从事知识产权教学的教师和研究所（中心）中从事知识产权研究的研究人员	教师、科研人员

六、结语

理工背景知识产权人才是我国知识产权人才队伍和结构中十分重要的组成部分。在知识产权教育和人才培养方面，理工背景人员既具有优势又具有不足，为此需要根据理工背景知识产权人员的特点，立足于知识产权法学科

---

❶ 郑胜利. 新经济时代我国知识产权专业人才教育的思考［J］. 知识产权，2008（2）：33-37.

自身的发展规律和社会需要，针对不同类型和学历层次有针对性地开展知识产权教育与人才培养工作。❶ 当前，我国知识产权制度正随着科学技术的迅猛发展而不断处于变革和发展之中，理工背景知识产权人才将会在我国知识产权制度实施和国家知识产权战略深入推进过程中发挥更大的作用。

---

❶ 梅术文. 理工背景知识产权人才培养路径探讨［J］. 电子知识产权，2015（9）：56-60.

高层次科技人才引进中的知识产权分析评议制度研究*

▌孙英伟　王　翔　郝家宝

* 本文是石家庄市科技局石家庄市科学技术研究与发展计划"高层次科技人才知识产权分析评议制度研究"（项目编号：185790125A）的项目研究成果。

作者简介：孙英伟（1969—），女，河北元氏人，知识产权
　　　　　法学博士，石家庄学院教授。研究方向：知识
　　　　　产权。
　　　　　王　翔（1979—），女，新疆和静人，法学硕
　　　　　士，石家庄学院讲师。研究方向：民商法学，
　　　　　高等教育。
　　　　　郝家宝（1986—）男，安徽颍上人，讲师，硕
　　　　　士。研究方向：知识产权。

高层次科技人才既是我国创新驱动发展战略的特需资源和关键性支撑，也是人才强国战略中的核心组成部分。本文所指的高层次科技人才是具有较高专业知识或专门技能，具备科学思维和创新能力，在自然科学领域从事科学技术创新活动，对科学技术事业有很高造诣或创造性发明，对社会经济发展和科技创新有较大贡献的人才，主要包括从事应用研究、技术开发、成果转化等创新创业类高层次科技人才。高层次科技人才具有专业素质高、创新能力强、影响力深、贡献度大等特征，被国家和地方政府视为重点引进对象。然而，由于缺乏对高层次科技人才客观、统一、持续、动态的评价标准，尤其在高层次科技人才引进过程中缺少知识产权分析评议制度，现实中出现了一些高层次科技人才申报材料失实或不全，导致引进的人才缺乏核心技术、引进的技术不够先进、专利权属不清、专利纠纷不断等问题，不但不能实现人才引进的初衷，还给人才引入单位造成了重大损失。以知识产权公开情报为基础的知识产权分析评议对做好高层次科技人才的遴选、引进和培养有着重要作用。

一、高层次科技人才引进中的知识产权分析评议制度概述

（一）高层次科技人才引进中开展知识产权分析评议的必要性

1. 开展知识产权分析评议是防范人才引进风险、精准引进适格人才的有效保障

人才引进中存在的风险不可小视。一是由于引进方和被引进方之间信息不对称，引进方引进的有可能是虚假人才、瑕疵人才或者减等人才，违背人

才引进初衷；二是引进方有可能在人才引进后卷入系列纠纷，例如，由于被引进人才的已有技术存在知识产权权属缺陷、利益不清、侵犯他人权利等情况，引进方会卷入种种麻烦之中。其次，引进方通常不清楚如何利用知识产权信息寻找自己所需要的专业技术人才，或者引进方难以对拟引进人才的专业特长、创新能力和发展潜力与岗位需求的匹配度做出科学判断，难以达到人才引进的目标。知识产权分析评议将知识产权维度作为基础的评价指标，通过专业的团队、客观公开的信息库、科学的分析评议制度，可以有效防范上述高层次科技人才引进中的知识产权风险，全面分析人才的创新能力，还有助于定向精准引进符合岗位需求的真正人才。

2. 开展知识产权分析评议是建立科学的人才需求数据库和人才素质指标体系的现实需要

将高层次科技人才引进中的知识产权分析评议工作再前进一步，就可以通过挖掘技术、产业和市场信息，了解和掌握某一技术领域的市场竞争状况、技术发展脉络和产业发展趋势、人才分布和团队构成并能够进行跟踪，并以此为参考制订该技术领域人才培养、引进和发展计划，乃至建立高科技人才需求数据库。

对拟引进的科技人才进行知识产权分析评议的过程，也是对符合条件的科技人才进行创新能力和知识产权实力进行评估的过程，人才引进过程中使用的各项评议指标构成了人才评议指标的重要组成部分，这些客观指标对建立科学的人才素质指标体系具有重要意义。

3. 开展知识产权分析评议是创新人才发展机制、构建创新型人才支撑体系的重要举措

知识产权分析评议对创新人才的识别和获得有重要作用，其本身即是一套创新人才的发现和评价机制，不仅有助于确定哪类人才的储备能够满足要求，哪类人才可以自行培养，哪类人才迫切需要外部引进，而且能够帮助所引进人才明确研究方向，实现技术突破，发挥创新人才的潜能，推动创新人才的发展，构建实现国家战略和发展规划的创新型人才支撑体系。

（二）高层次科技人才引进中开展知识产权分析评议的可行性

1. 国家及各省制定的相关法规政策为此提供了政策依据

（1）2016 年中共中央办公厅、国务院办公厅印发的《关于深化人才发展体制机制改革的意见》明确指出，要"建立人才引进使用中的知识产权鉴定机制，防控知识产权风险"，为高层次科技人才引进中开展知识产权分析评议奠定了基础。

（2）2018 年中共中央办公厅、国务院办公厅印发的《关于分类推进人才评价机制改革的指导意见》指出对于主要从事应用研究和技术开发的人才，着重评价其技术创新与集成能力、取得自主知识产权和重大技术突破、成果转化、对产业发展的实际贡献等，为高层次科技人才引进项目中实行知识产权分析评议明确了评议方向。

（3）国家知识产权局先后印发的推动知识产权评议工作的系列政策文件，包括《重大经济科技活动知识产权评议试点工作管理暂行办法》《关于加快提升知识产权服务机构分析评议能力的指导意见》《知识产权分析评议工作指南》《重大经济科技活动知识产权评议工作操作指南》等，为高层次科技人才引进项目中实行知识产权分析评议提供了根据。

（4）国家知识产权局提出并起草、国家知识产权局和全国知识管理标准化技术委员会共同发布、并于 2019 年 10 月 1 日施行的《知识产权分析评议服务　服务规范》为在高层次科技人才引进中开展知识产权分析评议提供了服务标准。

2. 知识产权信息数据的公开性为此提供了信息基础

科学的人才评议离不开大量客观真实可靠的数据。庞大公开的各类知识产权信息库为在高层次科技人才引进中开展知识产权分析评议提供了保障。据世界知识产权组织（WIPO）统计，专利信息是世界上最大的公开技术信息源之一，它包含了世界上 90%～95% 的技术信息，并且技术信息的公开要比其

他载体早 1~2 年。❶

此外，知识产权分析评议不仅需要专利信息，还需要各类非专利信息。各国政府和各大数据库服务机构不断进行的信息资源建设和辅助分析工具的开发为在高层次科技人才引进中开展知识产权分析评议提供了重要基础。

3. 人才库建设和知识产权服务机构的成长为此提供了实施保障

知识产权评议人员对基础数据的收集、加工处理、统计与分析等劳动过程，对于保障分析结论的可信度至关重要。因此，知识产权分析评议人员的专业能力和综合素质是知识产权分析评议效果的重要保障。

国家知识产权局于 2011 年和 2016 年分别公布了两批国家知识产权专家库专家共计 358 名，并建设了国家知识产权人才信息网络平台；一些省市也进行了知识产权专家库建设，如河北省为了贯彻实施《知识产权人才工作"十三五"规划》建设了河北省的知识产权人才库，还有的省市组建了知识产权高层次专家库、知识产权专家咨询委员会、知识产权领军人才库等，人才库建设成为在高层次科技人才引进中开展知识产权分析评议的智囊保障。

同时，近年来知识产权服务机构增长迅猛，服务能力和服务质量大幅度提高。早在 2012 年，国家知识产权局就印发了《关于加快提升知识产权服务机构分析评议能力的指导意见》，提出到 2020 年力争实现知识产权分析评议从业人员达到万人的工作目标，2014 年分两批公布了知识产权分析评议示范创建机构名单，并于 2015—2018 年连续开展知识产权分析评议服务机构培育工作和知识产权分析评议服务机构示范/示范创建机构评审工作，培育了一批知识产权分析评议能力突出的服务机构，为在高层次科技人才引进中开展知识产权分析评议提供了实施保障。

(三) 高层次人才选拔和引进中开展知识产权分析评议的实践经验

目前，国家及先进省市已经开始先行先试，在人才选拔和引进过程中开

---

❶ 赵义强. 专利信息分析方法与分析工具［C］//中华全国专利代理人协会. 2014 年中华全国专利代理人协会年会第五届知识产权论坛论文集（第二部分）：2014 年. 北京：知识产权出版社，2014：7.

展知识产权分析评议，并取得了一定的成果。

（1）早在 2013 年，国家知识产权局就开始了包括"海鹰计划"高端人才引进在内的三个人才知识产权分析评议试点项目。

（2）2014 年 8 月，浙江省知识产权研究服务中心接受省委组织部人才办公室委托，负责 2014 年"千人计划"中的知识产权评议工作，同时将评价结果反馈给组织部，为组织部的下一步战略部署提供详细参考。知识产权评议能够对人才的知识产权及具体科研成果转化能力进行有效评价，只有客观认识人才的能力及品格，才能确保引进人才的能力得到充分的发挥。❶

（3）为对入选"千人计划"人员申报的知识产权情况的真实性、有效性、技术领域等进行核实和评估，2016 年该计划的主管部门浙江省委组织部人才办公室委托相关机构对第十三批国家"千人计划"创业人才 47 名拟入选人员申报的知识产权信息进行了分析评议❷（知识产权总体情况、分布情况、权利状态——评议结果：知识产权意识、专利质量、全球专利布局意识、产业领域）。

（4）2017 年湖北省知识产权局组织的知识产权评议项目中也开始设立"高端人才引进知识产权评议"和"海外高端人才引进知识产权评议"项目。国家知识产权局组织的 2017—2018 年度重大经济科技活动知识产权评议工程示范项目中，湖北省知识产权局组织，湖北省科技信息研究院、国家知识产权局专利局专利审查协作湖北中心承担的"人才引进知识产权评议工程示范项目"被评为优秀；广东省知识产权局组织，广东省知识产权研究与发展中心开展的"2017 年广东省'珠江人才计划'引进创新创业团队知识产权评议工程示范项目"，验收结果为良好。❸ 上述两个省份在 2017 年已经开始在人才引进中试行知识产权分析评议。

湖北省科技信息研究院、国家知识产权局专利局专利审查协作湖北中心承担的"人才引进知识产权评议工程示范项目"的成果——《人才引进知识产权评议操作指南》明确了人才引进知识产权评议的内涵、适用领域、适用

---

❶ 浙江省知识产权研究与服务中心. 省"千人计划"首次知识产权评议为组织部提供可靠意见 [J]. 今日科技，2014（8）：7.

❷ 刘可迅. 浅议知识产权评议在引进人才中的作用 [J]. 电子知识产权，2018（11）：104-108.

❸ 关于公布 2017—2018 年度重大经济科技活动知识产权评议工程示范项目验收结果的通知 [Z]. 国知办函协字〔2018〕226 号，2018-05-07.

对象、主要内容，并对评议需求确定、工作机制建立、分析评议开展、评议报告出具、评议工作验收、评议结果应用等知识产权评议工作流程和环节进行了细化和规定。并在《关于在人才工作中进一步发挥知识产权作用的实施意见》（征求意见稿）中，对人才培养、引进、使用、评价、激励全链条，从建立分类实施的人才培养知识产权导向机制、完善科学规范的人才引进知识产权鉴定机制、构建人尽其才的人才使用知识产权引导机制、构建科学有效的人才评价知识产权导向机制、建立灵活多元的人才激励知识产权参与机制等五个方面提出了十五条政策措施。❶

（5）2019年广东省发布的《广东省知识产权分析评议工作指南》第三部分将人才引进中知识产权分析评议列为政府、企业经济科技活动中十二种常见的知识产权分析评议适用情形，区分企业人才引进和高校人才引进两种情况，分别规定了人才引进中知识产权分析评议具体分析过程及要点。

此外，江苏省、北京市、四川省和湖南省已经在落实高层次科技人才（或海外人才）政策中引入知识产权分析评议制度，通过知识产权分析评议制度，甄别、引进了一批真正具有创新能力的高层次科技人才。

由此可见，国家及各省已经在高层次科技人才引进实践中实施了知识产权分析评议活动，一些地区还在政策层面积极探索高层次科技人才引进中知识产权分析评议的指引措施。然而，目前对于高层次科技人才引进中知识产权分析评议经验或缺乏系统的理论总结，或未进行广泛深入交流，现存的相关政策、指南也局限于宏观性和方向性指导，鲜有具体性和可操作性的规范，需要进一步完善。

二、高层次科技人才引进中知识产权分析评议制度的构建

（一）高层次科技人才引进中的知识产权分析评议主体和评议对象

如前所述，高层次科技人才引进中的知识产权分析评议主体主要是有知识产权评议能力的知识产权服务机构，同时由知识产权专家对其评议活动进

---

❶ 湖北省人才引进知识产权评议工作取得积极进展［EB/OL］.（2018-04-19）［2019-4-15］. http://www.hubei.gov.cn/xxbs/bmbs/szscqj/201804/t20180419_1277039.shtml.

行指导和督导。

高层次科技人才引进中的评议对象主要是国家和省市拟引进的高层次科技人才，需要评估其创新能力、知识产权意识和所附带的知识产权风险和价值。人才引进方应当根据当地经济发展目标和产业发展需要，明确人才引进的需求和目标，形成人才引进计划，以便知识产权评议机构能够运用知识产权手段有针对性地挖掘和评估拟引进人才。

（二）高层次科技人才引进中知识产权分析评议的内容

高层次科技人才引进中知识产权分析评议的内容主要包括诚信评议、基础评议和前瞻评议三方面的内容。

（1）诚信评议。诚信评议主要针对拟引进人才所涉及的知识产权信息的真实性、稳定性和完整性进行审查，以初步核查人才的诚信情况，为后续的知识产权分析评议奠定基础。

（2）基础评议。基础评议主要针对拟引进人才的知识产权风险、知识产权价值和知识产权管理方面进行评价，对人才已经具有的能力和成果进行评估，确定人才的引进价值。

（3）前瞻评议。前瞻评议主要针对拟引进人才的创新能力、团队建设和人才发展方面进行评价，对人才未来的发展潜能和使用方向做出预估，详见表1。

表1　高层次科技人才引进中的知识产权分析评议内容

评议内容	一级指标	二级指标	评议比例
诚信评议	知识产权信息的真实性	1. 知识产权的权利人	5%
		2. 知识产权的发明人/设计人	
		3. 知识产权类别	
		4. 知识产权数量	
	知识产权信息的完整性	1. 知识产权是否有共同权利人	5%
		2. 知识产权是否有负担	
		3. 知识产权是否有条件	
		4. 知识产权是否转让	
		5. 知识产权是否许可	

评议内容	一级指标	二级指标	评议比例
诚信评议	知识产权信息的有效性	1. 知识产权的权利状况	5%
		2. 知识产权的存续期限	
		3. 知识产权合同的合法性	
基础评议	知识产权关联性	1. 所拥有知识产权与需求项目的紧密度	5%
		2. 所拥有知识产权与需求项目的匹配度	
	知识产权风险	1. 知识产权是否有负担	20%
		2. 知识产权是否有条件	
		3. 知识产权是否转让、许可	
		4. 知识产权权属风险	
		5. 知识产权利用风险	
		6. 知识产权移转风险	
		7. 知识产权侵权与保护风险	
		8. 商业秘密侵权与保护风险	
		9. 竞业禁止风险	
基础评议	知识产权价值	1. 权利布局合理性	20%
		2. 研发信息记录完备性	
		3. 知识产权的先进性	
		4. 知识产权的影响力	
		5. 知识产权的竞争热度	
		6. 知识产权的创新度与创新空间	
		7. 知识产权的可替代性	
		8. 知识产权的成熟度	
		9. 知识产权产业化的可行性	
		10. 知识产权的市场接受度	
		11. 知识产权交易价值	
	知识产权管理	1. 知识产权意识	10%
		2. 知识产权申请布局（地域、时间和代理）	
		3. 知识产权运用（频次、数量、规模、对价、效益）	
		4. 知识产权保护（保护方式、频次、效果）	

续表

评议内容	一级指标	二级指标	评议比例
前瞻评价	创新能力评价	1. 知识产权产出数量	10%
		2. 知识产权产出质量	
		3. 知识产权产出效率	
		4. 产出知识产权的创新度	
		5. 对产出知识产权的贡献度	
		6. 对已有知识产权的影响力	
	人才团队评价	1. 合作者情况分析（数量、层次、地位、年龄、活跃度）	10%
		2. 竞争者情况分析（数量、层次、地位、年龄、活跃度）	
前瞻评价	人才发展评价	1. 挖掘所关注领域的技术、产业和市场信息，在进行知识产权分析评议的基础上，制定技术发展规划目标和人才发展规划，关注特定人才，建立重点人才数据库	10%
		2. 判断拟引进人才在人才发展规划中的地位和作用	
		3. 判断拟引进人才在人才发展规划中的潜能和成长空间	

说明：评议过程存在诚信评议—基础评议—前瞻评议的先后顺序，因此，尽管诚信评议中的三项内容和基础评议中知识产权关联性评议所占评分比例不高，却是高层次科技人才引进的前提和基础，应赋予其一票否决的地位。

（三）高层次科技人才引进中知识产权分析评议的环节与流程

人才引进通常有两种情况：一种是引进方已经确定了拟引进人才的范围，此时的知识产权分析评议集中于对人才引进风险和引进价值的分析；另一种是引进方尚未确定人才引进名单，需要首先通过知识产权分析评议发现、识别、挖掘并锁定拟引进的人才名单，制订人才引进方案，然后根据实际需要进行进一步的知识产权分析评议。第二种情况相对复杂，将另文阐述，下文主要针对第一种情况设计知识产权分析评议环节与流程。

1. 申报环节

向潜在人才发出邀约，要求申报人在申报时列明与项目关联、表明自身实力的知识产权信息，出具知识产权不侵权或免于知识产权纠纷声明。

2. 审查与评议环节

引进方会同委托的知识产权服务机构对申报人申报的信息进行以知识产权分析评议为核心的全面审查。本环节分为三个阶段：

（1）预审阶段。主要由引进方对申报人填写的申报材料进行形式审查，重点审查填写信息的真实性、准确性和完整性，并向申报人释明填写要求。

（2）初审评议阶段。委托知识产权服务机构对申报人已有的知识产权进行查证和分析，分别进行诚信评估、基础评估和前瞻评估，做出初步判断，并出具知识产权分析评议初评报告。

（3）复审评议阶段。如在初审评议中出现重大分歧，或委托单位对知识产权分析评议结果存在疑问，则应组织专家对知识产权分析评议报告进行指导或督导，保证分析评议结果的客观公正。知识产权服务机构应当结合专家意见，出具知识产权分析评议报告。

3. 通知与申诉环节

引进方基于知识产权分析评议报告做出人才引进的决定，并通知申报人本人，告知其异议申诉途径和程序。

4. 监督环节

省级以上知识产权局有权受理知识产权分析评议的异议申请及投诉，知识产权行政主管部门和知识产权行业协会有权对做出知识产权分析评议结论的知识产权服务机构和专家进行监督，如图1所示。

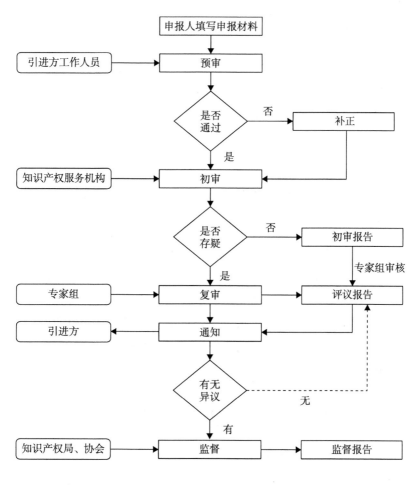

图 1　高层次科技人才引进项目中的知识产权分析评议基本流程

说明：知识产权服务机构出具初审报告的程序应当参照《知识分析评议服务标准规范》第 8 项"服务实施"的具体要求进行。

三、高层次科技人才引进中知识产权分析评议的保障机制

（一）高层次科技人才引进中知识产权分析评议的组织保障

对高层次科技人才引进中的知识产权分析评议工作进行统一部署和沟通协调，是该项工作顺利进行的组织保障。

1. 主管部门

由省级以上负责人才工作的组织部门牵头管理，对高层次科技人才引进中的知识产权分析评议工作进行统一部署、制定相关政策，并对最终形成的知识产权分析评议报告进行审批。

2. 协调部门

由省级以上人力资源与保障部门进行综合管理，对高层次科技人才引进中的知识产权分析评议工作进行项目定位、确立分析评议目标。

3. 实施部门

各级知识产权部门组织具体实施，定期召开有关高层次科技人才引进中知识产权分析评议的会议，负责分析评议活动的组织、实施和协调工作，落实各评议机构的评议期限，对知识产权评议报告提出修改意见，并将评议报告上报审批部门审批。❶

（二）高层次科技人才引进中知识产权分析评议的制度保障

实施部门组织对拟引进人才开展分析评议的工作机制是该项工作顺利进行的制度保障。

1. 制订办法

由省级以上知识产权局制订《高层次科技人才引进知识产权分析评议操作指南》，明确高层次科技人才引进知识产权评议的内涵、评议基本原则、评议主体和对象、评议主要内容、评议主要保障，并对评议需求确定、工作机制建立、分析评议开展、评议报告出具、评议结果应用等知识产权评议工作流程和环节进行细化和规定。

---

❶ 李丽莉. 改革开放以来我国科技人才政策演进研究［D］. 长春：东北师范大学，2014.

2. 设立机构

在省级以上知识产权局内部设立高层次科技人才引进知识产权分析评议领导小组和工作小组，负责任务部署、方案审核、沟通协调和实施监督。

3. 组织实施

知识产权服务机构负责对拟引进人才的知识产权展开全面、具体、客观、公正的评议工作，并出具评议报告；评议专家组负责对评议工作提供咨询意见和对评议结果进行权威认定，并出具专家意见书反馈给知识产权服务机构，形成最终评议意见。

（三）高层次科技人才引进中知识产权分析评议的实施保障

高质量的人才队伍是高层次科技人才引进中知识产权分析评议工作顺利进行的实施保障。

1. 专家库的建设

进一步实施省级以上知识产权专家库、领军人才、师资人才评选工作，不断壮大知识产权人才队伍，并为知识产权人才提供交流平台和培训机会，进一步提升知识产权人才的能力和水平，为人才引进中知识产权分析评议工作的开展提供智力保障。

2. 分析评议机构的遴选

（1）分析评议团队人员构成。高层次科技人才引进中的知识产权分析评议服务团队应当包括项目负责人和包括信息采集、分析评议、商务联络、质量控制人员在内的信息、法律、技术、产业、市场方面的专业知识产权分析评议人员。

（2）分析评议人员能力要求。项目负责人应具备领导评议工作的统筹规划能力、质量控制能力、预防和处理突发状况和问题的能力，以及及时交付评议成果的能力。

分析评议人员应具有评议拟引进人才的相应专业背景和外语能力，应具备检索、分析、评议基本能力，具备撰写报告和口头表述的能力。❶

（3）分析评议的资源配备。分析评议机构应当具有独立的服务场所和设施、完善的管理制度和满足服务需求的信息来源和检索分析工具。

（4）知识产权分析评议平台建设。由于高层次人才的稀缺性和流动性，建立高层次科技人才知识产权分析评议信息共享机制既有利于人才数据的有效利用，提高评议工作和人才引进效益，也有利于丰富人才库基础数据，促进人才评价体制的完善。建立知识产权评议过程系统化、协同化机制，不但可以建立基于通用的模型和基础数据的网络化知识产权评议平台，将其中收集整理的大量信息保存下来，丰富基础数据，提高后续评议工作的效益，而且可以降低不同机构、不同人员所提供的知识产权评议产品的可信度差别，也有助于建立知识产权评议合作网络。❷

四、结论

习近平总书记在党的十九大报告中强调："人才是实现民族振兴、赢得国际竞争主动的战略资源。要坚持党管人才原则，聚天下英才而用之，加快建设人才强国。"

高度重视知识产权分析评议制度在高层次科技人才引进中的重要作用，明确高层次科技人才引进中知识产权分析评议的评议内容、评议流程和评议保障，有利于规避高层次科技人才引进过程中法律、技术和市场风险，有利于科学评价高层次科技人才的引进价值和创新能力，科学预测其创新潜力和科技项目的绩效成果，对促进高层次科技人才潜能开发，保障人才引进中资金的使用效率，加快我国经济社会的发展具有重要的实践意义。

---

❶ 国家知识产权局. 知识产权分析评议工作指南［Z］. 2014-12-23.

❷ 吉久明，陶冶，王兴旺，等. 知识产权评议协同分析模型构建初探［J］. 竞争情报，2016，12（4）：12-17.

人才引进中的知识产权分析评议之我见

■ 孙英伟　王　翔

作者简介：孙英伟（1969—），女，河北元氏人，知识产权
　　　　　　法学博士，石家庄学院教授。研究方向：知识
　　　　　　产权。

　　　　　　王　翔（1979—），女，新疆和静人，法学硕
　　　　　　士，石家庄学院讲师。研究方向：民商法学，
　　　　　　高等教育。

党和国家历来重视人才工作。要打造具有国际水平的科技人才队伍，除了自己培养之外，还要有针对性地引进所需要的人才。引进什么样的人才、怎么引进人才、引进是否会有风险等，正是知识产权分析评议工作要解决的问题。

一、知识产权分析评议概述

（一）知识产权分析评议的基本内涵

评议的本质"是对将要最终表决或做出决定的事项进行周到而全面的分析研究，发表观点意见、提供咨询建议，代表了通过开放而审慎的程序达成决策的理性共识"❶。根据国家知识产权局办公室 2014 年印发的《知识产权分析评议工作指南》，知识产权分析评议被定义为"综合运用情报分析手段，对经济科技活动所涉及的知识产权，尤其是与技术相关的专利等知识产权的竞争态势进行综合分析，对活动中的知识产权风险、知识产权资产的品质价值及处置方式的合理性、技术创新的可行性等进行评估、评价、核查与论证，根据问题提出对策建议，为政府和企事业单位开展经济科技活动提供咨询参考"❷。

广东省知识产权局 2019 年发布的《广东省知识产权分析评议工作指南》将知识产权分析评议定义为："利用知识产权情报信息和方法对相关经济科技活动进行综合分析与评估，查找出活动进展中与知识产权相关的潜在问题，

---

❶ 孟海燕，知识产权分析评议基本问题研究 [J]. 中国科学院院刊，2013（2）：427.
❷ 国家知识产权局办公室. 知识产权分析评议工作指南 [Z]. 2014-12-23.

并合理运用知识产权战略提出解决问题的建议，避免经济科技活动因知识产权问题导致重大损失，为政府决策和企业参与市场竞争提供咨询参考。"❶

综上所述，知识产权分析评议就是通过对查询、搜集和其他可得到的公开的知识产权信息进行分析，从知识产权这一维度对相关经济科技活动的可靠性、可行性、合理性及潜在价值和风险等进行评估和筛选，提出合理化建议，为政府、企事业单位开展经济科技活动提供决策咨询和参考。

（二）知识产权分析评议的价值

"创新是引领发展的第一动力"，是重要的新动能。对创新的追求，使得知识产权正在成为国家发展的战略性资源和国际竞争力的核心要素。开展知识产权分析评议，有助于了解经济科技活动所涉及的知识产权状况，明晰工作目标和方向，识别、防范和应对潜在的知识产权风险，助力科技创新。因此，要重视知识产权分析评议对重大经济科技活动决策的参考作用，推动建立重大产业规划、政府重大投资活动等开展知识产权分析评议，引导企业自主开展知识产权分析评议，让知识产权分析评议为创新发展提供制度支撑，提高创新效率，促进经济高质量发展。

（三）知识产权分析评议的应用

自 2011 年开始，我国开始着手知识产权分析评议工作，目前来看，知识产权分析评议工作已初具规模并达成社会共识。2011 年国务院发布的《工业转型升级规划（2011—2015 年）》首次提出"建立重点产业知识产权评议机制"，推动知识产权融入产业的升级转换并发挥实效。这是我国首次提出知识产权分析评议的概念。同年，工业和信息化部制定并印发的《集成电路产业"十二五"发展规划》也提出"在专项工程中开展知识产权评议"。2012 年 4 月国务院办公厅转发知识产权局等部门的《关于加强战略性新兴产业知识产权工作的若干意见》指出，在促进战略性新兴产业的知识产权创造中，应"建立重大经济活动知识产权审议制度"。

---

❶ 广东省知识产权局. 广东省知识产权分析评议工作指南［Z］. 2019-01-20.

国家知识产权局于 2012 年 8 月发布了《重大经济科技活动知识产权评议试点工作管理暂行办法》，启动了知识产权分析评议试点工作。随后，知识产权分析评议试点工作也在地方相继启动。国家知识产权局办公室于 2014 年印发了《知识产权分析评议工作指南》，对知识产权分析评议的类别内容、具体实施和实施团队等进行了规定。

目前，知识产权分析评议工作正在向纵、横两个方向深入推进。从纵向上看，国家知识产权局正在积极引导地方知识产权局开展工作，目前已有一半以上的地方知识产权局将分析评议工作纳入工作体系中。从横向上看，国家知识产权局积极与相关部委展开合作，协助有关部委和中央企业解决在科技创新管理、投资并购策略方面的一些实际问题。在近些年的企业投资并购、技术引进、产品出口、招才引智等重大经济科技活动中，正在越来越多地采用知识产权分析评议这一有效的项目评价和筛选方法。

二、知识产权分析评议在人才引进中的应用

（一）知识产权分析评议在人才引进中的作用

不同类别的经济科技活动所面临的知识产权问题不同，因此，针对不同经济科技活动的知识产权分析评议工作的目的、评价内容也就不同，比如，科研立项前的知识产权分析评议主要是防止重复立项、重复研发，明确科研的目标和方向，确保创新效率。对于科技人才引进而言，知识产权分析评议的目的主要是满足引进主体对于科技人才尤其是高层次科技人才的需求，要解决的是拟引进人才所拥有的知识产权的真实性、有效性、与引进主体引进需求的匹配度、人才的创新能力以及人才知识产权风险等。无论是对于企业还是对于高校和科研院所而言，科技人才特别是高层次科技人才引进都是一项非常重大的举措，投入巨大，如果未进行严格的知识产权分析评议，盲目引进，不仅可能因知识产权或创新能力问题没有达到预期目的，还有可能因此惹上官司，为单位带来困扰和麻烦。

（二）知识产权分析评议在人才引进中的实践

早在 2013 年，国家知识产权局就启动了包括"海鹰计划"高端人才引进在内的三个人才知识产权分析评议试点项目。2014 年 8 月，浙江省在"千人计划"人才评选中采用了知识产权评议。2016 年相关部门对第十三批国家"千人计划"创业人才 47 名拟入选人员申报的知识产权信息进行了分析评议。2017 年，湖北省知识产权局设立了"高端人才引进知识产权评议"和"海外高端人才引进知识产权评议"项目。同年，广东省在"珠江人才计划"评选中引入了知识产权评议。

此外，江苏省、北京市、四川省和湖南省也在落实高层次科技人才（或海外人才）政策中引入知识产权分析评议制度，通过知识产权分析评议制度，甄别、引进了一批真正具有创新能力的高层次科技人才。

（三）人才引进中知识产权分析评议的主要内容

国家知识产权局办公室 2014 年印发的《知识产权分析评议工作指南》将包括人才引进在内的知识产权分析评议的内容分为三个模块：法律类分析、技术类分析和市场类分析。法律类分析模块包括知识产权法律信息查证、知识产权权属关系查证、知识产权法律风险分析、知识产权相关权利义务调查、目标市场知识产权法律环境调查、知识产权相关协议条款审查、知识产权稳定性评价、知识产权保护强度评价等。技术类分析模块包括专利技术趋势分析、专利技术竞争热度分析、创新空间分析、创新启示分析、技术可替代性分析、技术核心度调查、技术创新度评价、技术成熟度调查等。市场类分析模块包括产业知识产权竞争状况调查、知识产权关联度调查、目标对象知识产权策略及实力评价、知识产权资产审计与评估、知识产权经济效益调查等。

《广东省知识产权分析评议工作指南》从人才匹配度调查、人才创新能力和人才引进风险三个方面对人才引进中的知识产权分析评议的内容进行了分类，其中人才匹配度调查主要包括引进方所需技术或学科调查和相关技术人才分布；人才创新能力主要包括专利申请量、专利授权量、专利法律状态、境外专利拥有量、专利产出率、专利稳定性分析和专利价值度分析；人才知识产权风险主要包括协议风险、职务发明与专利权属风险等。如果是企业人才引进，要增加专利实施的侵权风险分析；如果是高校、科研院所人才引进，则要增加非专利文献以及学术道德行为分析。

从大部分地方发布的人才引进项目评议内容来看，评议内容规定比较笼统，主要包括引进人才拥有的知识产权数量、法律状态、权利归属、技术水平或高度。如果是创新人才，要增加对权利稳定性风险的评议；如果是创业人才，则评议产业化的知识产权风险和技术壁垒等。

人才引进中进行知识产权分析评议所要解决的是引进什么样的人的问题，考察一个科技人才是否符合引进单位的要求，不外乎三个方面：一是拟引进人才是否具有创新能力，二是其所具有的创新能力是否与引进单位的人才需求相吻合，三是人才引进后是否会存在相关风险等。通过对拟引进人才的知识产权进行分析评议，能辅助引进单位遴选到更为合适的人才。

三、人才引进知识产权分析评议中需要注意的问题

（一）了解引进单位的真实需求

了解引进单位的真实需求是做好知识产权分析评议工作的前提。不同的单位对人才引进有不同的目标，对人才考量的指标也有所不同，比如，地方政府可能是基于产业竞争引进人才，高校和科研院所可能更注重基础研究，而企业可能更注重能够产业化实施的技术。因此，分析评议工作开始前要和引进单位充分沟通，了解其真实的人才需求。

（二）引进人才要结合单位实际

在进行分析评议前，首先要对引进单位做翔实的调查，了解单位既有的研究基础、创新能力和人才状况，在分析评议特别是在提出人才引进建议时，注意拟引进人才是否能与原单位人才组成团队，形成合力。

京津冀协同发展背景下河北省科技人才政策生态研究

▌闫翅鲲　孙英伟

作者简介：闫翅鲲（1974—），女，河北唐山人，副教授。研究方向：应用社会学。

孙英伟（1969—），女，河北元氏人，知识产权法学博士，石家庄学院教授。研究方向：知识产权。

人才资源是区域经济社会发展的关键要素，由于"京津双核"虹吸效应，河北科技人才资源的短板问题更加凸出。科技人才政策作为公共政策的一部分，肩负着保障国家战略实施的重任。从京津冀协同发展的战略定位要求出发，探寻河北科技人才政策的策略，具有极为紧迫的现实意义和重要理论价值。

一、外部环境与内在逻辑：生态理论视角下的科技人才政策生态系统

科技人才作为新时代科技创新的重要承担者，肩负推动国家技术创新的历史重任，其作用事关国家发展和民族兴衰。科技人才是各地人才争夺战的重中之重。

（一）生态系统理论与科技人才生态系统

生态学的概念源于对自然领域的研究，随着现代化进程的不断推进，人与资源、环境的矛盾日益突出，鉴于人类社会与生态系统的相似性，自 21 世纪初以来，国内外的一些学者尝试着打破人才问题和生态问题研究相互割裂的局面，将二者结合起来作为一个系统考量，人才生态学作为一门新兴边缘学科逐渐发展起来。[1] 人才生态学将人才本身和人才的生存环境作为基本要素来建构科技人才政策生态系统，研究人才流动与迁移行为以及科技人才与环境交互作用的规律与机制，构建符合社会发展规律、科技人才与环境友好相

---

[1] 董原. 基于人才生态学理论的创新创业人才队伍建设：研究综述 [J]. 兰州学刊，2016 (4)：182-190.

处的科技人才生态系统。简言之，科技人才生态系统是由政府、科研院所、公司企业等不同人才要素构成的，受时间、空间、环境等诸多因素影响的复杂的生命系统。

科技人才作为国家综合国力和竞争力中最重要的战略资源，其引进、培养、使用、发展等对工作生活环境要求相对更高，处理好科技人才与工作生活环境的关系，引导其根据经济社会发展需要进行流动具有十分重要的意义。运用生态系统这一全新视角深入分析驱动科技人才流动的要素，可以明确科技人才引进、培养、使用、发展等阶段系统要素的作用和功能，改善科技人才生态环境，努力做到科技人才群体与环境友好共处，维持系统平衡。因此，本文结合生态学、人才学等理论构建科技人才生态系统，以生态学视角对科技人才生态系统的构成、特征进行初步探讨，提出了河北科技人才政策的重点取向。

（二）科技人才政策生态系统建构

科技人才政策是改善科技人才生态环境、健全科技人才培育开发机制[1]的有力工具。要实现区域科技人才合理配置，推动区域协同发展，首先要从优化科技人才政策体系开始。基于学界对科技人才生态系统内涵相对一致的界定，我们也从科技人才政策本身和科技人才政策环境两个方面来审视河北的科技人才政策，探寻河北科技人才政策取向。

首先，科技人才政策本身是我们要考量的科技人才政策内生态，政策本身的指向性、逻辑性和系统性体现在政策的应用领域、政策主体、政策的适用对象等几个方面。从政策工具的应用领域来看，科技人才政策内生态系统通过对人才资源的引进与激励、培养与开发、选拔任用与评估来发挥其为区域协同发展提供人才保障的功能。于政策主体方面，不同主体所颁发的政策文本间的互补性和兼顾程度是科技人才政策内生态的重要考核指标，对政策实施的效果不容忽视。综合性政策和专用性政策的体系性和导向性是滋养区域科技人才的营养源之一，对人才成长的作用不可或缺。

---

[1] 徐倪妮，郭俊华. 中国科技人才政策主体协同演变研究［J］. 中国科技论坛，2018（10）：163-173.

其次，科技人才所立足的区域环境，包括自然环境和社会环境是科技人才政策系统的外生态。自然环境全方位地作用于科技人才的生存状况。科技人才的空间分布与区域经济发展水平和科技发展水平相符合，对科技人才的需求更多指向了区域科技发展潜力和创新能力。❶ 可见，社会环境以其对科技人才作用的直接性和显著性成为科技人才政策外生态的关键要素。换言之，科技人才在区域间流动最终产生集聚的过程，主要受经济因素、科技因素、城市开放程度、城市宜居程度和社会保障状况五个方面因素的影响。❷ 河北省科技人才的总量和分布与京津冀协同发展背景下河北省的区域功能定位、产业分工与集聚状况、科技发展潜力与创新能力、社会开放程度等指标相关度较高，这些无疑构成河北省科技人才政策外生态系统中的关键性要素。

二、外部协同：京津冀协同发展背景下河北省科技人才政策外生态系统优化

于河北省而言，造成科技人才短缺的原因在于经济收入、科技资源、社会保障及宜居环境四个方面，这四个方面又可以归结为经济科技因素与区域环境。《京津冀协同发展规划纲要》也把优化区域经济和空间结构，促进产业转移升级，形成新的增长极作为当前的重点任务。相应地，科技人才政策须找准病灶，直面差距，相机而动。

（一）河北省科技人才分布与产业结构现状

基于科技创新对于产业结构优化和区域经济增长的推动和引领作用，科技人才争夺战在全国愈演愈烈，激烈的抢人战争直接导致了区域科技人才分布和经济发展的严重不平衡，这一结果在京津冀区域表现尤为明显。

河北省主要依赖传统的重工业支撑经济，与北京市第三产业为主导和天津市第二、第三产业并重的产业结构差距明显。❸ 京津冀三地这样的产业布局

---

❶ 刘兵，曾建丽，梁林，等. 京津冀地区科技人才分布空间格局演化及其驱动因素 [J]. 技术经济，2018，37（5）：86-92，123.

❷ 李琳. 京津冀科技人才集聚影响因素差异研究 [D]. 石家庄：河北经贸大学，2020.

❸ 沈映春，贾雨洁. 京津冀一体化过程中区域产业与人才结构协调适配度研究 [J]. 税务与经济，2019（4）：41-49.

难以形成产业集聚效应，而产业集聚水平则决定了一个地区科技人才的类型和分布。河北省无论在生活水平和公共服务水平方面还是在科技环境和人才发展空间方面较之京津都处于明显劣势，不仅"引才难"，"留才亦难"，且随着未来交通一体化格局的形成，河北省面临着人才流失进一步加剧的风险。河北省人才资源匮乏的现状和堪忧的未来，不仅无法支撑京津冀协同发展的战略要求，亦加剧了河北省与京津经济社会发展上的不平衡，甚至会形成恶性循环。河北省科技人才政策外生态环境不免令人忧虑。

(二) 优化产业结构，提升河北省科技人才政策外生态环境质量

在京津冀协同发展的战略要求下，河北省的功能定位及其产业发展的人才需求，是河北省科技人才政策的方向，是保障其对科技人才进行精准滴灌，实现河北省科技人才布局与产业分工协同发展的基础。

《京津冀协同发展规划纲要》明确了河北省的定位为"全国现代商贸物流重要基地、产业转型升级试验区、新型城镇化与城乡统筹示范区、京津冀生态环境支撑区"。● 河北省应在此产业定位与分工基础上做好错位发展的科技人才规划，重点突出包括物流、医药、纺织等行业在内的自身优势产业人才需求，为河北省科技人才政策的精准施策提供有力依据。同时，河北省作为京津冀生态环境支撑区，肩负着承接京津转移产业的责任。产业转移会不可避免地带动相关科技人才的流动，因此，需把握好潜在流动人才的社会心理需求，搭建其创新、创业的成长空间，做好人才及背后家庭的一系列的生活居住、公共安全、公共交通基础设施以及健康、教育、医疗、养老等社会保障体系的外生态环境支持，吸引、促动其服务于河北省的产业分工和产业升级。

三、内部整合：京津冀协同发展背景下河北省科技人才政策内生态系统提升

作为京津冀的腹地，河北省在京津冀协同发展中的重要作用不言而喻。

● 新华网. 京津冀协同发展领导小组办公室负责人就京津冀协同发展有关问题答记者问 ［EB/OL］. （2015-08-23）［2020-06-20］.

河北省历来重视科技人才政策。仅党的十九大以来，河北省就出台了 13 项人才新政，占到同期全国人才新政总量的 7.93%，紧随山东之后居全国第二位。❶ 然而，连续出台的科技人才政策对于河北省科技人才状况的改善却收效甚微，人才匮乏仍是迄今为止河北省发展中的最大障碍，人才流失依然严重。优化河北省科技人才政策，提升其作用效力成为京津冀协同发展的重要任务之一。

（一）河北省现行科技人才政策体系

河北省在长期的人才制度建设过程中已经形成了较为完备的科技人才政策体系。院士引进工作、"三三三"人才工程、省管优秀专家工程等人才政策一直延续至今。2016 年《河北省关于深化人才发展体制机制改革的实施意见》强调创新更具吸引力的人才引进机制，完善符合人才成长规律的培养机制，对于海外高层人才和京津人才引进的投入及政策优惠力度有明显提高，在人才培养方面更注重应用人才培养。不难看出，近年来河北省各项科技人才政策立足京津冀协同发展的背景，从不同角度规划并推进区域科技人才的协同发展，已搭建起相应的政策体系。但总体而言，河北省各项科技人才规划的内在拟合度仍有待提高，人才政策的内生态系统优化空间较大。

1. "引""育"并重，政策应用成效不明显

在科技人才政策的应用领域，河北省一直采取引进和培养并重的策略，尤其重视高层次人才的引进工作，此类政策占比最大，但政策的创新程度不高，与京津和全国其他城市有很大的趋同性，同时又受制于经济发展水平，在资金支持、住房保障等方面对人才的吸引力度不够，在人才争夺战中处于明显劣势地位。同样在科技人才政策中占有较大比例的选拔、认定类政策，在河北省也存在配套措施不到位现象，且设置门槛相对较高，相应的培育、激励性措施欠缺，难以形成对人才的有效激励。

---

❶ 苏榕，刘佐菁，苏帆. 十九大以来国内科技人才政策新态势分析及其对广东省的启示 [J]. 科技管理研究，2019，39（20）：129-134.

2. 重导向，略细则，政策适用范畴失衡

从政策的适用范畴来看，河北的科技人才政策以综合性政策居多，与自身产业发展需求相匹配的专项人才政策偏少，且仅有的专项人才政策的适用对象集中指向海外高层次人才和行业领军人才，未形成政策的系统性。在北京市科技人才政策已经向精准滴灌型转变❶的同时，河北省还停留在大水漫灌型阶段。不仅如此，河北省科技人才政策的配套措施也明显滞后，规划、意见类政策居多，具体实施细则、办法类政策跟进不够。粗线条的政策不可避免地影响政策的实施效果。

(二) 优化政策体系，改善政策内生态

全国范围内日益激烈的人才争夺战和京津冀协同发展的战略要求令京津冀区域科技人才合理、有效流动成为必然要求。正视、尊重人才流动规律，更新人才观念，创新河北省引才、用才路径成为优化河北省科技人才政策体系的重要任务。

1. 柔性引才，以"引"带"育"，提高政策效果

规避河北省在刚性人才引进上的不利处境，本着"不求所有，但为所用"的原则，大力推进与京津高层次人才的交流共享。搭乘一小时都市圈建设的东风，在开放式协同人才策略下采用柔性引才模式不失为河北省破解人才引进难题的可行选择。2016 年河北省《关于深化人才发展体制机制改革的实施意见》就明确提出"加大柔性引才力度"，鼓励用人单位以挂职兼职、技术咨询等方式柔性汇聚以京津为主的国内外科技人才服务于河北省。"引才"是"用才"的基础，也是培育本土人才的捷径。随着交通能力提升，京津冀地区会有越来越多的科技人才利用京津高收入和河北省低房价差值提升生活质量和水平，因之导致的人才溢出效应有助于柔性引才模式的实现。河北省要在进一步贯彻落实柔性引才政策，吸引京津科技人才服务河北省的同时，加强

❶ 解佳龙，李雯，雷殷. 国家自主创新示范区科技人才政策文本计量研究：以京汉沪三大自创区为例（2009—2018）[J]. 中国软科学，2019（4）：88-97.

"育才"政策的配套，为京津高层次科技人才与河北省本地科技人才联合开展技术攻关，支撑"育才"平台和载体建设提供政策空间。

与选拔、认定类政策相配套的培育、激励类政策相对短缺是河北省科技人才政策效果不佳的另一原因。虽然近年来河北省在科技人才培养上投入的资源不断增多，激励科技人才发展的制度措施也渐趋多元化，但相较于人才引进和选拔类政策仍然偏少，且因"选才"门槛设置过高，过度偏重头衔层次，影响了支撑产业发展的大批优秀青年科技人才的培养和使用。鉴于此，要强化科技人才激励评价机制，拓展政策普惠面和受众面，健全河北省科技人才政策体系，建立以"用才"目的为导引的"育才"制度体系，强化对包括青年人才、后备人才在内的各级科技人才的评价激励机制，丰富激励方式，打造河北省科技人才金字塔。

2. 明确政策指向，完善政策体系

针对综合性政策与专项人才政策的结构性失衡问题，需要创新和完善专项人才政策，增强政策的指向性。根据河北省产业分布状况和在京津冀协同发展中的分工定位，制订河北省科技人才需求目录，创新优先产业急需科技人才的引进、激励、选拔、培育政策，强化政策指向，实现河北省科技人才政策从大水漫灌向精准滴灌转变。

践行滴灌式人才策略还有赖于人才政策操作性的提高，河北省科技人才政策中指导类政策与细则类政策的不匹配是需要补齐的另一短板。因此，对指导性政策通过实施细则方式完善是政策转型必不可少的一环。这就需要坚持问题导向，展开深入调研，排除河北省"引才""育才""用才"各个环节的障碍，实现河北省科技人才政策的有效供给及合理配置。

四、内外契合：河北省科技人才政策的策略选择

将生态理论应用于社会现象的研究，其初衷是为了探求人与自然的和谐共生之路。

首先，《京津冀协同发展规划纲要》中对河北省提出的"优化区域经济和空间结构，促进产业转移升级"的任务要求是优化人才政策系统这一内生态

的基础。通过对河北省产业状况和科技人才现状进行调查，科学精准预测今后一定时期产业发展对科技人才的有效需求，才能在政策层面作出及时、有力回应，以政策的创新吸引、培育人才，助力产业转移升级。

其次，研究表明，产业集聚与科技人才集聚之间存在显著交互效应，不仅科技人才集聚水平影响产业集聚程度，产业集聚亦会促动科技人才集聚。❶不难看出，立足河北省经济发展现状的"情境特质"，根据京津冀协同发展中的产业分工，错位发展，形成适合河北省发展的人才承载力足够强的产业集群，是吸引大批科技人才流向河北省的重要路径。因此，要形成科技人才集聚与产业集聚的良性互动，实现"以产业聚人才、以人才兴产业"发展局面，需要科技人才政策对产业的精准滴灌。

再次，从"不求为我所有，但求为我所用"思路出发规划发展产业是河北省现实可行且性价比更优的明智之举。以教育培训业为例，京津高水平人才密集优势、河北一小时都市圈的区位优势和河北省大幅低于京津的房价、物价水平价格优势，能够使学员享受到质优价廉的教育培训服务。因此，从"不求为我所有，但求为我所用"思路出发规划发展行业产业，扬长避短，既少引人留人之累，也能尽享经济社会发展之实。

最后，制约河北省科技人才集聚的因素太多，要区分政府和企业在改善这些因素上的分工，公共财政支出要瞄准公用事业建设。政府不能包打天下，也不能撒手不管，要做到有限、有效参与。从思想上要明确科技人才政策的目标指向，直白地讲，提高科技人才收入应更多地依靠企业等市场主体通过市场化方式解决，引才支出也不宜直接由政府埋单。事实证明，政府埋单引来的人才往往有恃无恐，既缺乏对政府的感恩之心，又很难忠诚于企业。科技人才政策特别是涉及政府资金投向的政策要从引才、奖励等转到改善公共交通、健全社会保障体系等公共领域，通过调整科技人才政策系统的内生态改善科技人才政策系统的外生态。这才符合政府提供公共服务这一职能，体现了对所有市场主体的公平。

---

❶ 赵青霞，夏传信，施建军. 科技人才集聚、产业集聚和区域创新能力：基于京津冀、长三角、珠三角地区的实证分析 [J]. 科技管理研究，2019，39（24）：54-62.

河北省知识产权人才队伍调查报告

——基于《河北省知识产权人才库》样本分析

▌孙英伟 范 林 杜 倩

作者简介：孙英伟（1969—），女，河北元氏人，知识产权法学博士，石家庄学院教授。研究方向：知识产权。

范　林（1975—）男，河北宁晋人，石家庄市知识产权协会副会长兼秘书长。

杜　倩（1990—），女，河北新乐人，石家庄学院法学院讲师，法学硕士。研究方向：国际经济法，知识产权。

　　为贯彻落实《国家知识产权战略纲要》，加强河北省知识产权人才培养，建设高素质知识产权人才队伍，根据《河北省知识产权（专利）人才库与人才信息网络平台工作实施方案》（冀知规〔2014〕4号），河北省知识产权局在全省范围内分别于2014年、2015年遴选了两批知识产权人才共计372人（人才表人数总计376人，去除重复人数，实际为372人），并从中选拔出26名高层次人才。2018年，为了加强对知识产权人才库人才的管理，我们对人才库人才的在岗情况等进行了逐一核实，去除掉辞职、离岗、失联等情况，目前仍在知识产权岗位工作的两批人才共计347人。我们就以这347名人才为样本，对河北省的知识产权人才现状展开分析。

一、河北省知识产权人才状况分析

（一）河北省知识产权人才的总体情况

1. 人才类别

　　人才库评选时，将入库人才根据所在单位分为了知识产权行政管理与执法人才、企事业单位知识产权人才、高等院校及科研机构知识产权人才、知识产权服务机构人才四类。在入选的347人中，企事业单位知识产权人才最多，为141人，占比约41%；其次为知识产权行政管理与执法人才，为86人，占比约25%；高等院校及科研机构人才76人，占比约22%；知识产权服务机构人才44人，占比约13%，如图1所示。

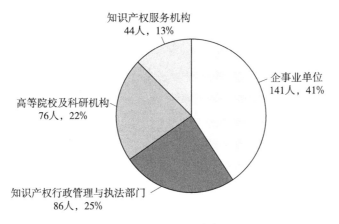

图 1　人才类别

2. 人才地区分布

从人才的地区分布情况来看，地区之间严重不平衡。347 人中有 117 人在省会石家庄，约占到了总人数的 34%；其次是邯郸，46 人，占比约 13%；再次为张家口，42 人，占比约 12%；保定 27 人，占比约 8%；承德 23 人，占比约 7%；沧州 21 人，占比约 6%；唐山和邢台均为 19 人，各占比约 5%；廊坊 17 人，占比约 5%；衡水 11 人，占比约 3%；秦皇岛人数最少，有 5 人，仅占比约 1%，如图 2 所示。

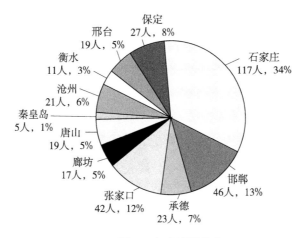

图 2　人才地区分布

3. 年龄构成情况

347 人中，40~55 岁的中年人数量最多，为 182 人，占了总人数的一半还多；55 岁以上的人员有 57 人，约占总人数的 16%；40 岁以下的青年有 49 人，占总人数的 14%；另有 59 人因信息不全，不清楚其年龄，如图 3 所示。

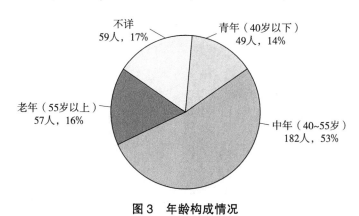

图 3　年龄构成情况

4. 学历情况

从学历情况来看，除 59 人因信息不全无从得知其学历外，347 人中以本科学历为主，本科毕业生 174 人，占了总人数的一半；其次是硕士研究生，共有 60 人，约占总人数的 17%；大专生 31 人，约占总人数的 9%；博士研究生 23 人，仅占约 7%，如图 4 所示。

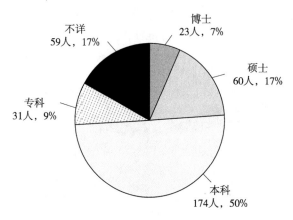

图 4　学历情况

5．职称职务情况

从职称职务情况来看，除67人因信息不全无从得知其职称职务情况外，347人中有高级职称或相当于高级职称的人员共计176人，约占到了总人数的一半还多；有中级职称或相当于中级职称的人员55人，约占总人数16%；有初级职称的8人，约占2%；另有行政机关和执法部门，不走职称序列的41人，如图5所示。

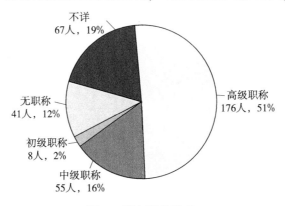

图5　职务职称情况

6．从事专业工作年限

347人中，以从事专业工作年限31～40年的人数为最多，共有101人，约占总人数29%；具备21～30年专业工作年限的有89人，约占总人数26%；具备11～20年专业工作年限的68人，约占20%；10年以下和40年以上的各15人，分别约占4%；另有59人因信息不全情况不详，如图6所示。

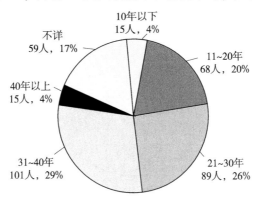

图6　从事专业工作年限

（二）河北省不同类别人才状况分析

下面我们就以人才库的人才类别为标准，对河北省的知识产权行政管理与执法人才、企事业单位知识产权人才、高等院校及科研机构知识产权人才/知识产权社会服务机构人才这四类人才的状况分别进行分析。

1. 知识产权行政管理与执法人才状况

（1）人才地区分布

全省知识产权行政管理与执法人才共有 86 人，其中省会石家庄人数最多，共 29 人，占全省知识产权行政管理与执法人才总数的近 34%；其次为邯郸，共 17 人，占比近 20%；这两个地市的人才就占了河北知识产权行政管理和执法人才的一半还多，而其他地市均不足 10 人。其中，张家口 9 人，沧州7 人，唐山 6 人，衡水 5 人，廊坊 4 人，保定 3 人，承德 3 人，秦皇岛 2 人，邢台 1 人，如图 7 所示。

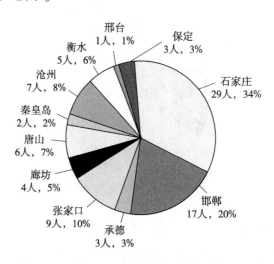

图7　人才地区分布

（2）年龄构成情况

在 86 名知识产权行政管理与执法人才中，除 28 人因信息不全情况不详外，年龄以 40~55 岁的为最多，共计 35 人，约占该类人员总人数的 41%；40

岁以下的青年 14 人，约占该类人员总数的 16%；55 岁以上的人员 9 人，占总人数 10% 多，如图 8 所示。

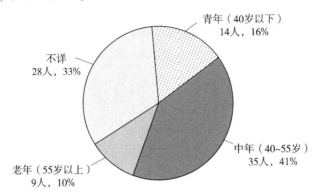

青年（40岁以下）
14人，16%

不详
28人，33%

中年（40~55岁）
35人，41%

老年（55岁以上）
9人，10%

图 8　年龄构成情况

（3）学历情况

86 人中，硕士研究生 10 人，占比接近 12%；本科生 40 人，约占 46%；大专生 8 人，约占 9%；另有 28 人学历不详，如图 9 所示。

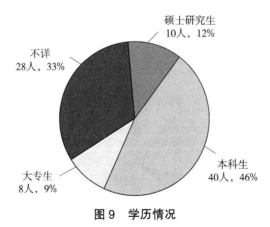

硕士研究生
10人，12%

不详
28人，33%

本科生
40人，46%

大专生
8人，9%

图 9　学历情况

（4）职称职务情况

86 名知识产权行政管理与执法人才中，有高级职称的 10 人，约占总人数的 12%；有中级职称的 14 人，约占 16%；有初级职称的 3 人，约占 3%；由于该部分人才中的大部分为公务员编制，故有 29 人没有职称或与职称相应的有关职务；另有 30 人情况不详，如图 10 所示。

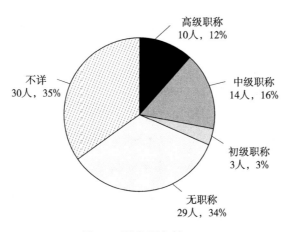

图 10 职称职务情况

（5）从事专业工作年限

86 人中，具有 31～40 年专业工作年限的人数最多，共有 22 人，约占 26%；具有 21～30 年专业工作年限的人数次之，共 17 人，约占 20%；11～20 年专业工作年限的有 11 人，约占 13%；10 年以下专业工作年限的有 5 人，约占 6%；40 年以上专业工作年限的有 3 人，约占 3%；另有 28 人从事专业工作的年限不详，如图 11 所示。

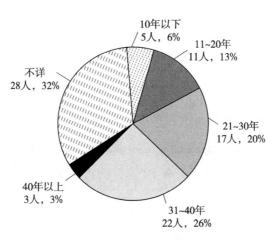

图 11 从事专业工作年限

2. 企事业单位知识产权人才状况

（1）人才地区分布

企事业单位知识产权人才的数量最多，共计141人，这也和国民经济发展的需要相适应。省会石家庄人数最多，为33人，约占该类人才总人数的23%；其次为保定，共计22人，约占16%；再次为张家口，共计20人，约占14%；邯郸为19人，约占13%；承德为14人，约占10%；廊坊、唐山、沧州均为9人，分别约占6%；秦皇岛为3人，约占2%；邢台为2人，约占2%；衡水为1人，占比不足1%，如图12所示。

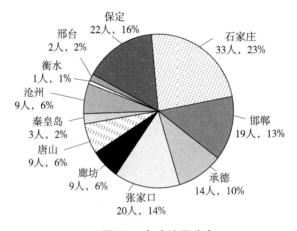

图12　人才地区分布

（2）年龄构成情况

在141名企事业单位知识产权人才中，以中年人为主，40~55岁的中年人有91人，约占总人数的65%；40岁以下的青年人有23人，约占总人数的16%；55岁以上的老年人有19人，约占13%；另有8人未注明年龄，如图13所示。

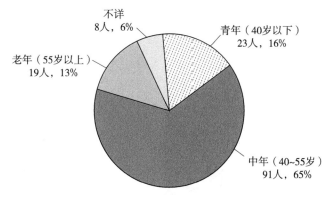

图 13　年龄构成情况

（3）学历情况

企事业单位知识产权人才以本科为主，本科学历的共有 84 人，约占 60%；硕士研究生有 27 人，约占 19%；大专有 18 人，约占 13%；博士研究生稀缺，仅有 4 人，约占 3%；另有 8 人学历情况不详，如图 14 所示。

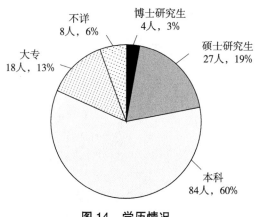

图 14　学历情况

（4）职称职务情况

在 141 名企事业单位知识产权人才中，高级职称者 87 人，约占 62%；中级职称者 32 人，约占 23%；初级职称者 3 人，约占 2%；无职称者 9 人，另有 10 人情况不详，如图 15 所示。

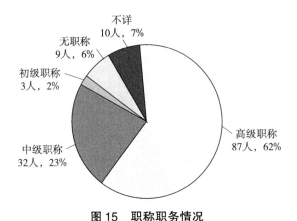

图 15　职称职务情况

（5）从事专业工作年限

141 人中，具有 21~30 年专业工作年限的最多，共 45 人，约占 32%；31~40 年专业工作年限的 43 人，约占 30%；11~20 年专业工作年限的 38 人，约占 27%；10 年以下专业工作年限的 5 人，约占 4%；40 年以上专业工作年限的 2 人，约占 1%；另有 8 人情况不详，如图 16 所示。

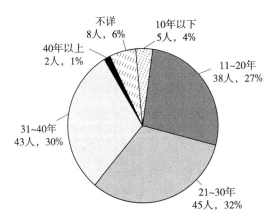

图 16　从事专业工作年限

3. 高等院校和科研机构知识产权人才状况

（1）人才地区分布

高等院校和科研机构的知识产权人才总计 76 人，其中省会石家庄因其高等学校和科研机构较多这一优势，知识产权人才也最多。石家庄为 21 人，约占 28%；邢台为 15 人，约占 20%；张家口为 12 人，约占 16%；邯郸为 11 人，约占 14% 多；承德、廊坊和沧州分别为 4 人，分别约占 5%；唐山和衡水分别为 2 人，分别约占 3%；保定为 1 人，约占 1%，如图 17 所示。

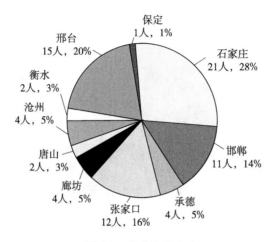

图 17　人才地区分布

（2）年龄构成情况

从年龄构成情况来看，76 名高等院校和科研机构知识产权人才以中年人为主，40~55 岁的中年人共有 45 人，约占总人数的 60%；55 岁以上的共有 19 人，占 25%；40 岁以下的青年人有 9 人，约占 12%，如图 18 所示。

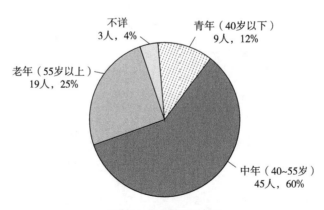

图 18　年龄构成情况

（3）学历情况

高等院校和科研机构的知识产权人才学历水平总体较高，这一点在评选的四类人才中是最突出的。从入选的 76 名高等院校和科研机构的知识产权人才来看，有超过一半的人为博士研究生、硕士研究生。其中博士研究生 20人，约占 26%；硕士研究生 22 人，约占 29%；本科生 29 人，约占 38%；大专生 2 人，约占 3%；另有 3 人学历不详，如图 19 所示。

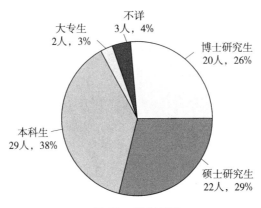

图 19　学历情况

（4）职称职务情况

基于高等院校和科研机构知识产权人才入选条件的要求，因此在入选的 76 名高等院校和科研机构知识产权人才中，70 人具有高级职称，约占总人数的 92%；中级职称的有 3 人，约占 4%；另有 3 人职称情况不详，如图 20 所示。

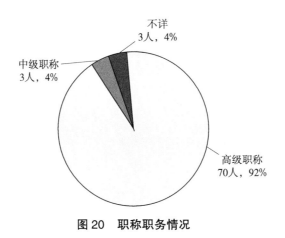

图 20　职称职务情况

（5）从事专业工作年限

鉴于学历和职称职务的要求，76 名高等院校和科研机构知识产权人才中，以具有 21～30 年专业工作年限的人为最多，共计有 30 人，约占总人数的 40%；31～40 年专业工作年限的人员有 25 人，约占 33%；11～20 年专业工作年限的有 12 人，约占 16%；10 年以下和 40 年以上专业工作年限的均为 3 人，各占 4%；另有 3 人情况不详，如图 21 所示。

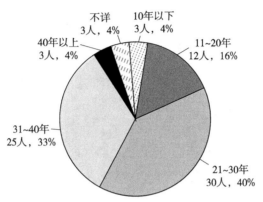

图 21　从事专业工作年限

4. 知识产权社会服务机构人才状况

（1）人才地区分布

入选的知识产权社会服务机构人才总计 44 人，其中石家庄 34 人，约占总人数的 77%；唐山 4 人，约占 9%；衡水 3 人，约占 7%；承德、保定、邢台各 1 人，各占 2%，如图 22 所示。

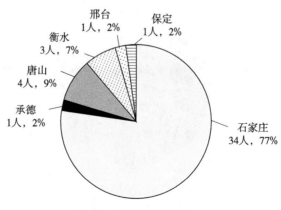

图 22　人才地区分布

（2）年龄构成情况

在知识产权社会服务机构的 44 名人才中，40~55 岁的人才有 13 人，约占人才总数的 30%；55 岁以上的人才有 8 人，约占 18%；40 岁以下的人才有 3 人，约占 7%；另有 20 人情况不详，如图 23 所示。

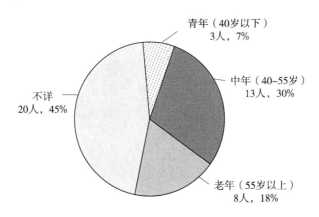

图 23　年龄构成情况

（3）学历情况

知识产权服务机构人才以本科毕业生为主，44 人中本科生有 21 人，约占 48%；大专生有 2 人，约占 5%；硕士研究生仅有 1 人，约占 2%；另有 20 人学历情况不详，如图 24 所示。

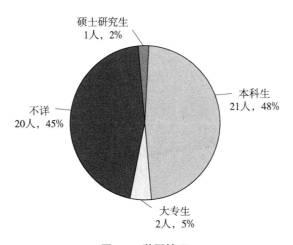

图 24　学历情况

（4）职称职务情况

总人数 44 人中，有高级职称者 10 人，约占 23%；中级职称者 6 人，约占 14%；初级职称者 1 人，约占 2%；无职称者 3 人，约占 7%；另有 24 人情况不详，如图 25 所示。

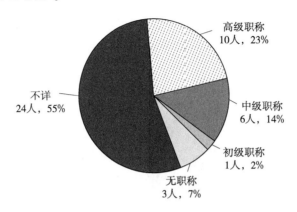

图 25　职称职务情况

（5）从事专业工作年限

知识产权服务机构的 44 名知识产权人才中，具有 31~40 年从事专业工作年限的有 9 人，占人才总数近 21%；11~20 年、21~30 年专业工作年限的各有 5 人，分别约占 11%；40 年以上专业工作年限的有 3 人，约占 7%；10 年以下工作年限的有 2 人，约占 5%；另有 20 人情况不详，如图 26 所示。

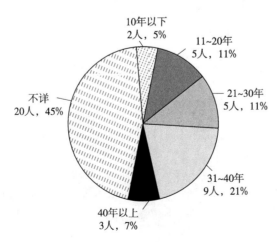

图 26　从事专业工作年限

5. 高层次知识产权人才状况

（1）人才地区分布

在河北省遴选的 26 名高层次知识产权人才中，石家庄一家独大，有 21
人，约占高层次知识产权人才总数的 81%；保定有 2 人，约占 8%；邯郸、唐
山、秦皇岛各有 1 人，分别约占 4%，如图 27 所示。

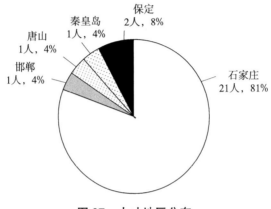

图 27　人才地区分布

（2）年龄构成情况

在 26 名高层次知识产权人才中，40~55 岁的人才最多，共 10 人，约占
38%；55 岁以上的有 7 人，约占 27%；40 岁以下的有 4 人，约占 15%；另有
5 人年龄不详，如图 28 所示。

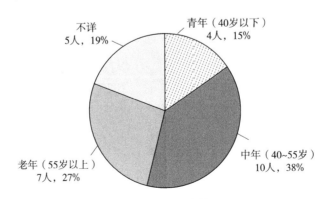

图 28　年龄构成情况

（3）学历情况

26 人中硕士研究生有 6 人，占 23%；本科生有 13 人，占 50%；大专生有 2 人，约占 8%；另有 5 人情况不详，如图 29 所示。

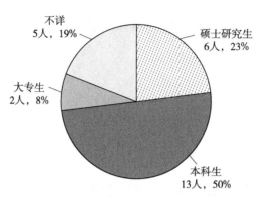

图 29　学历情况

（4）职称职务情况

26 人中有高级职称的 13 人，占 50%；有中级职称的 2 人，约占 8%；无职称的 5 人，约占 19%；另有 6 人情况不详，如图 30 所示。

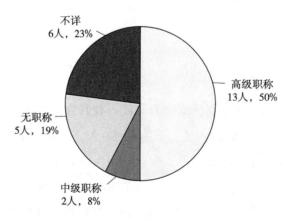

图 30　职称职务

（5）从事专业工作年限

26 人中，有 31～40 年专业工作年限的有 9 人，约占 35%；11～20 年专业工作年限的有 7 人，约占 27%；21～30 年专业工作年限的有 4 人，约占 15%；40 年以上专业工作年限的有 1 人，仅约占 4%；另有 5 人情况不详，如图 31 所示。

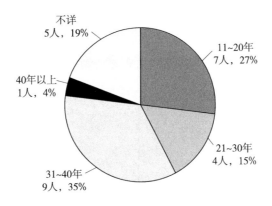

图31　从事专业工作年限

二、河北省知识产权人才队伍存在的问题

(一) 从人才类别分布上看，体现"稳"字当头这一特点

从人才所属类别来看，企事业单位知识产权人才为最多，占了人才库总数的41%；知识产权服务业人才最少，仅占人才库总数的13%。人才以留在稳定的编制内单位为最多，体现了北方经济的特点，这有可能导致人才流动性降低，市场缺乏活力。

(二) 人才地区分布不均衡，省会石家庄独领风骚

从人才的地区分布来看，省会石家庄一枝独秀，占了总人数的1/3还要多。特别是社会服务机构人才，石家庄34人，占了全省该类人才总数的77%，其高层次人才数量更是占了全省的81%。即便是分布相对均衡的企事业单位知识产权人才，石家庄一地也占了该类人才总数的23%。这固然是反映了省会石家庄在全省中的经济社会地位，但毕竟一枝独秀不是春，百花齐放才能春满园。这种人才分布的不均衡不但反映了河北经济社会发展的相对落后，也反映了发展上的不平衡。

从知识产权行政管理和执法人才队伍的地区分布来看，除稳居第一位的省会石家庄外，邯郸居第二，原因在于改制前的邯郸市知识产权局有独立编制，行政管理和执法队伍比较完善，这一领域的人才也相对较多。

从企事业单位知识产权人才的地区分布来看，保定坐上石家庄之后的第二把交椅，这可能与保定对知识产权依赖强的企业较多有直接关系。

从高等院校和科研院所的知识产权人才的地区分布来看，邢台位居石家庄之后排名第二，这多少有点令人出乎意料。

（三）河北省知识产权人才以中年人居多，符合人才成长规律

河北省知识产权人才中 40～55 岁的中年人占了总人数的一半还要多。分类人才中，企事业单位人才中中年人人数占比最高，占该类人才总数的 65%；高等院校和科研院所中的同年龄段的中年人占比为 60%；占比最低的是知识产权服务机构，同年龄段的人才仅占该类人才总数的 30%。由此可见，知识产权服务机构人员相对更为年轻，更有活力，反映了河北省乃至我国知识产权服务业起步较晚。但是也存在一定隐忧，相对年轻的科技服务人员能否为企事业单位和高校科研院所提供高质量的知识产权服务是一个值得思考的问题。

（四）河北省知识产权人才的学历以本科为主，有待进一步提高

河北省的知识产权人才队伍中本科学历占了 50%。从分类人才的情况来看，高等院校和科研院所的知识产权人才学历最高，硕士、博士占了该类人才的 55%，其他三类人才中硕士、博士人才均较少。高等院校和科研机构中本科学历仅占 38%；本科人才占比最高的是企事业单位知识产权人才，占了 60%。由知识产权人才队伍的学历情况可见，河北省知识产权人才队伍的学历水平还有待进一步提高。

（五）知识产权人才职称职务较高

知识产权人才队伍中 51% 的人才具有高级职称。分类人才中，职称最为突出的是高等院校和科研机构知识产权人才，92% 的人具有高级职称；职称低的为知识产权行政管理和执法人才、知识产权服务机构人才，可能的原因有二：一是知识产权行政管理和执法人才系公务员编制，不走职称序列，一线的行政管理和执法人才又没有较高的职务；二是知识产权服务机构走市场

化的路子，相当多的人不参评职称。

（六）知识产权人才中大部分人员专业工作年限相对较长

在入选的知识产权人才中，55%的人员具有21～40年的专业工作年限。入选的高等院校和科研机构的知识产权人才中，73%的人员具有21～40年的工作年限；社会服务机构的人才队伍最为年轻，具有21～40年工作年限的人才仅占该类人才的33%。专业工作年限长固然意味着经验丰富，但专业工作年限短在一定程度上也意味着队伍更为年轻有活力，更易接受新鲜事物。

三、加强河北省知识产权人才队伍建设的意见和建议

（一）补充相关人才，完善河北省知识产权人才库建设

河北省知识产权（专利）人才库是在原河北省知识产权局主持下建立的，出于机构职责的原因，里面其实只包括专利人才。鉴于机构调整，建议除对现有知识产权人才库进行动态管理、调整外，要补充商标、地理标志、集成电路布图设计等知识产权人才，将上述人才统一纳入人才库进行管理，完善现有的知识产权人才库。

（二）加强对知识产权人才的培养培训，在提升学历层次的同时，不断实现知识更新

世界发展日新月异，知识也在加速更新。知识产权与发明创造、创新创业是紧密相连的。虽然说学历低并不代表能力低，但是在全国学历普遍提高的背景下，以本科学历为主的知识产权人才队伍还是应该进一步提升学历层次。因此，要加强知识产权人才的培养培训，不断提升河北省知识产权人才队伍的学历水平，同时还要与发达省份乃至发达国家保持互动与往来，与科技、经济发展的前沿保持同步，更新知识和理念。培养培训可以采取学历教育和非学历教育相结合，短、中、长期培训班相结合，理论学习和挂职锻炼相结合等多种方式进行，重在实效。

（三）培育知识产权服务业，增强服务业对人才的吸引力，不断提高知识产权服务业队伍的能力和水平

从知识产权服务业的市场规模、税收以及公众的关注度来看，知识产权行业在整个国民经济中还属于一个边缘行业、小众行业，但随着近几年创新型国家建设的发展，作为科技服务业之一的知识产权服务业未来还有较大的发展空间。从河北省的情况来看，知识产权服务业不仅人才总数少，高端人才、复合型人才更少，而且分布极度不均衡，人才的学历水平、服务能力也都有待提高。基于河北省知识产权服务业的现状和经济转型、建设创新型河北的需求，应该积极培育知识产权服务业，让服务业成为吸引人才的行业，只有能够对高质量人才产生持续的吸引力和保持力，才有助于提高知识产权服务业的人才素质和服务质量。同时，要加强对现有知识产权服务业人才的在职培养和培训，不断提高其服务能力和水平。

（四）加强科技服务人才的资源整合，推动以技术交易为中心的综合服务商的发展

河北省在 2015 年就出台了《关于加快科技服务业发展的实施意见》，其明确提出，完善知识产权（含国防知识产权）全链条服务体系，加强高校科技服务业相关学科专业建设，发展多层次、多类型专业教育，培养急需的服务人才。开展创业导师、创业辅导师（员）、技术经纪人、专利分析师、项目管理师、科技咨询师、质量认证师、信息分析师等在职培训，努力打造一支高素质、复合型科技服务人才队伍。此外，在其他文件中也提出了创办集技术交易成果体系、技术（专利）权属查询体系、技术交易中介服务体系于一体的产权交易网上平台，支持科技成果评估、技术交易、信息咨询等科技中介发展，培育壮大技术经纪人队伍等要求。因此，要着眼于未来知识产权需求综合化和服务专业化的需要，加强科技服务人才的资源整合，大力推动知识产权服务机构与科技咨询、研发、技术转移、科技金融等领域的融合发展，培养以知识产权服务机构为核心的科技综合服务商。

（五）加强对知识产权人才的使用，发挥知识产权人才在知识产权强省建设中的引领作用

2018 年的中美贸易战让中国人更多地意识到了创新、创造在经济社会发展中的作用，也更加激发了社会特别是企业对学习、运用、保护知识产权的热情。要在全社会提高知识产权创造、运用、管理和保护的水平，必须加强对知识产权人才的使用。知识产权人才需要在使用中成长，在使用中提高，也就是说实践是不断提高他们的服务能力和水平的一条很好的途径。比如将河北省知识产权人才库向省市人才办、人社厅和社会推荐，发挥知识产权人才在诸如创新创业、科研及经济项目的立项、结项、投融资、产业调整等方面的作用，让知识产权人才真正在知识产权强省建设中发挥引领作用。

（石家庄学院 2017 级法学专业李雨彤同学为人才库人才统计做了大量工作，在此表示感谢）

"知识产权一级学科"试点背景下高校知识产权人才培养模式的优化[*]

█ 孙 山

　＊ 基金项目：西南政法大学 2021 年校级研究生教育教学改革研究项目"问题导向的《知识产权总论》课程改革研究"（yjg202101）。

作者简介：孙　山（1983—），男，陕西榆林人，法学博
　　　　　　士，西南政法大学民商法学院副教授。研究方
　　　　　　向：知识产权法。

　　毋庸置疑，知识产权保护早已成为新时代的高频热词，而知识产权人才的培养则是有效实现知识产权保护的重要保障。在人才培养取得可喜成绩的同时，我们也应正视知识产权人才培养中出现的问题，特别是培养模式中出现的问题。在最新出台的《知识产权强国建设纲要（2021—2035年）》第七部分"建设促进知识产权高质量发展的人文社会环境"中提到，"支持学位授权自主审核高校自主设立知识产权一级学科"。将"知识产权"试点升级为一级学科，意味着高校知识产权人才的培养将更加强调实务能力，强调跨学科背景知识的融通，但这种融通仍应以知识产权法的学习作为最基本的培养要求。"知识产权一级学科"是变，知识产权法的学习是不变，在变与不变的坚持与兼顾中，高校知识产权人才实务能力的培养和多学科背景知识的融通才能最终落到实处。习近平总书记明确指出："知识产权保护工作关系国家治理体系和治理能力现代化，只有严格保护知识产权，才能完善现代产权制度、深化要素市场化改革，促进在资源配置中起决定性作用、更好发挥政府作用。"❶ 通过优化高校知识产权人才的培养模式，有效提升我国知识产权人才的培养水平，是当下乃至今后都要着力开展的重要工作，也是本文的研究主题。

---

❶ 习近平. 全面加强知识产权保护工作　激发创新活力　推动构建新发展格局 [J]. 求是，2021（3）：4.

一、"知识产权一级学科"试点建设对我国高校知识产权人才培养提出的新要求

(一) 打破现有学科的界限，加强知识产权实务能力的培养

"知识产权一级学科"的试点建设强调专业基础的融通性，这种发展趋势的背后，是高校知识产权人才实务能力培养的强化。对于当前高校知识产权人才培养中存在的问题，学界基本上达成共识，以下观点很有代表性：高校知识产权教育存在教学方式单一、复合型师资匮乏、培养与需求脱节、实践能力培养不足等问题❶。由于历史的原因，我国高校教育，特别是本科阶段的教学活动，大都采用传统的授课方式，以学校课堂填鸭式的知识灌输为基本特点，很少发挥受教育者的主动性和积极性。在这种教学方式的影响下，学生的学习目标不够明确，对所学知识的价值常常停留在应付期末考试、获得毕业证的较低的认识层次，没有学以致用的思考，知识产权实务能力存在明显不足。"知识产权一级学科"试点的初衷，就是要打破现有学科的界限，面向社会需求培养实务人才。因此，和之前的学科建制相比，"知识产权一级学科"试点建设更注重对学生实务能力，特别是法律事务处理之外的实务能力的培养。

知识产权是现代国家的核心竞争力，保护知识产权就是保护创新，而保护知识产权目标的实现，离不开具有实务能力的高校知识产权人才培养。知识产权保护是创新驱动发展战略的助推器，而其践行者，是作为"知识产权战略推进与法律政策落实中的基础保障力量"❷的知识产权人才。实务能力是知识产权人才应当具备的基础能力，同时也是知识产权人才的核心竞争力所在。"知识产权一级学科"的试点建设，旨在打破现有学科界限，培养学生跨学科知识融通、应用的能力，对标真实社会需求，逐步缩小高校知识产权人才培养与社会需求之间的差距，积极、有效、全面对接职业和产业需求，加

---

❶ 李西娟. 高校知识产权普及教育中问题及对策研究——以知识产权法公选课为切入点 [J]. 石家庄学院学报，2019 (2)：124-127.

❷ 袁娟，宋鱼水. 知识产权人才管理与开发 [M]. 北京：知识产权出版社，2008：7.

快知识产权人才队伍建设。高校是培养专业人才的主阵地，高校的教学与实践活动对于知识产权人才培养至关重要。国家对知识产权人才的基本定位是具有"知识产权专业知识和实践能力"，这一定位强调了理论与实践相结合，"知识产权一级学科"试点建设的初衷正与此相合。因此，高校在知识产权人才培养过程中也应兼顾理论学习与实务技能训练，不可偏废。

（二）鼓励相关学科的融合发展，实现多学科背景知识的融通

"知识产权一级学科"的试点建设势必涵盖多个一级学科，相关学科的融合发展是"知识产权一级学科"试点建设的主要目标之一。学科是对一定科学领域的专业划分，是对体系化知识进行系统梳理后所作的功能性分类。因此，学科划分必须遵循逻辑的基本要求，在特殊情形下还要兼顾社会发展的需求。在我国，学科分类是由国务院学位委员会和国家教育委员会联合制定的。根据 2018 年更新的学科目录，我国学科体系包含 13 个门类，111 个一级学科。从现状来看，"知识产权"被各个高校以二级学科的层级分别设置在法学、管理科学与工程、工商管理、公共管理等诸多一级学科下。不管如何归类，目前学科体系下，"知识产权"的学科发展都受制于功能的单一性，这也影响了相关高校的知识产权人才培养质量。学科的分类本是为了简化认识过程，提升学生的学习效率和学校的管理水平，但这种划分又有它自身的弊端，学科分类划界的过分强调将导致知识碎片化，进而产生各个学科间不必要的隔膜，阻碍科技的进步与社会的发展。"知识产权一级学科"的试点建设则是要淡化学科分类，从现实需求出发，改进知识产权人才培养的模式。因此，高校的知识产权人才培养应当打破既往单一的专业教育所带来的知识体系闭环，通过多层次的教育丰富学生的学科背景知识，培养多学科知识融通的现代人才。

知识产权问题主要是一个法律问题，但又不仅仅是一个法律问题，还涉及管理学、理学、工学等相关学科。知识产权，顾名思义，首先是一个法学范畴，国家层面对知识产权所能提供的保护，主要是法律层面的保护，通过设置财产权的方式，激励人们不断从事创新。当然，创新需要一定的基础知识和技能，这些基础知识和技能都是法学所不能提供的，在这种意义上，法

学与理学、工学等经由知识产权这一链条发生关联。同时，知识产权价值的实现，还需要一定的管理技能，管理学也因知识产权而与法学发生关系，作为一种日益重要的社会财富和智力资源，对知识产权的有效管理和运作，已经成为管理学的重要研究对象❶。因此，知识产权是以法学为基础，兼及管理学、理学、工学等相关学科的学科，而"知识产权一级学科"的试点建设突出了这些学科间的关联。知识产权人才培养的目标定位为复合型人才，这一点已经成为社会各界的共识，而这种共识的达成，又需要包括法学、管理学、理学、工学等多个学科在内的融合发展，"知识产权一级学科"试点建设就是融合发展的尝试。

二、有名无实：高校知识产权人才培养模式中的困惑及其成因

在高校知识产权人才培养的过程中，存在着一些普遍性问题，困扰着高校知识产权人才的培养工作。与此同时，复合型人才的培养目标定位又存在模糊之处，影响着人才培养的有效实现。"一级学科"的学科发展理想很丰满，但学科建设存在"三多三少"❷问题，现实很骨感。直面培养中的困惑，是我们破解知识产权人才培养难题的前提。

（一）课程多，师资少，现有师资力量与结构难以达成培养复合型人才的目标

"知识产权一级学科"的创设意图打破既有的学科划分的藩篱，基于社会发展的需要，在知识产权人才培养的过程中，突出专业基础的融通性，强化实务能力的培养。按照《知识产权强国建设纲要（2021—2035年）》的表述，"知识产权一级学科"属于试点项目，试点范围仅限于拥有学位授权自主审核权的高校，范围非常有限。2018年4月19日，国务院学位委员会印发《国务院学位委员会关于高等学校开展学位授权自主审核工作的意见》（学位〔2018〕17号），提出为深化学位授权审核改革，决定稳步推进高等学校开展

---

❶ 李国英. 高校知识产权人才培养模式的优化［J］. 高教论坛，2012（2）：71.
❷ 即下文所分析的"课程多，师资少""背景专业多，专业知识少"和"理论教学多，实践教学少"的"三多三少"。

学位授权自主审核工作。此后，国务院学位委员会先后公布了两批学位授权自主审核单位名单，共计 31 所。其中，除了中国科学院大学外，其他都是"985 工程"高校。高规格的创设条件限制，本身也反映出"知识产权一级学科"所面临的争议：将"知识产权"升格为一级学科是否科学。刘春田教授就曾著文指出，实践中的本科"知识产权"专业，事实上属于法学专业，不同"学科交叉"形成新的学科，符合学科的发展规律，但也伴随相应的难度，而"交叉学科"是个伪概念，试图通过创立一个"交叉学科"以实现速成培养知识产权"复合型人才"的设想既不符合逻辑也不符合实践❶。对于"知识产权一级学科"的正当性问题，并非本文的研究主题，因此存而不论。国务院学位委员会持审慎态度，选择通过部分高水平学校完成破冰之旅，那些拥有学位授权自主审核权的高校在教学与科研上都具有较高水平，有可能在一级学科建设中取得突破性的进展。

然而，即便是在那些具有学位授权自主审核权的高校，现有师资力量和结构也都无法满足培养复合型人才的要求，更不要说众多的普通院校，现有师资力量和结构成为限制复合型人才培养实效的因素之一。"知识产权一级学科"的重要保障，是技术、管理、外语、经济学、哲学等内容的引入，这就需要相关高校在展开教学活动时，能够为学生配备具有复合型学科背景的师资。然而，上述各项学科横跨多个一级学科，从国内高校目前的师资情况看，难以找到能力足以在几个一级学科间轻松游走的教师。学科设置也执行着一定的管理职能，是高等教育中招生、教学、科研管理的基本单位。基于现状，我们同样很难在一个学院里就多个学科进行招生、教学和科研管理，师资配置上无法做到资源的有效配置。即便我们打破学院建制的高校学科管理限制，把复合型学科背景的师资扩大理解为在整个学校内部就每一个一级学科为学生配备授课教师，"知识产权一级学科"的培养目标也很难实现。可以预见，大部分编制在其他学院的其他学科的教师，对知识产权缺乏基本的了解，在这种现实背景下针对"知识产权一级学科"的学生展开教学活动，其效果是可想而知的。教学永远是一个互动的过程，在授课者对听课对象毫无了解的

❶ 刘春田. 论知识产权学科的性质与地位［J］. 版权理论与实务，2021（12）：15-24.

前提下，这样的教学活动最后肯定是"以其昏昏，使人昭昭"。因此，即便是在那些具有学位授权自主审核权的高校，试点"知识产权一级学科"也面临着师资方面的困境，更不要说那些尚且不具备试点资格的普通院校了。

(二) 背景专业多，专业知识少，课程开设杂而不精，缺乏应有的深度

"知识产权一级学科"试点建设时涉及的学科门类与一级学科众多，要想在该学科之下囊括知识产权事业发展所需的知识与技能，难度相当大。我国现在设置的 13 个学科门类体系❶中，除教育学和军事学之外，其他学科门类都与知识产权有密切的关系。理、工、农、医学科门类关乎技术方案类知识产权的创造，文学、艺术学关乎文学艺术类知识产权的生成，法学关乎知识产权的保护，管理学关乎知识产权的应用，哲学、经济学、历史学也在加深人类对知识产权认识的层次、阶段上发挥着不可或缺的作用。如果"知识产权一级学科"在逻辑层面最终成立的话，那么这个学科将是一个几乎无所不包的学科门类，显然这是非常荒诞的。

从各个高校知识产权专业建设的情况看，知识产权专业的设置离不开法学学科的支撑，"以法为主，兼顾管理"是常态。根据一些学者的介绍，部分学校分别在"法学""工商管理""管理科学与工程"等一级学科名下，以"交叉学科"的名义开展知识产权的学科层级设置，分别设立了"知识产权法""知识产权法学""知识产权""科技法与知识产权法""知识产权与人工智能法学""知识产权管理""知识产权创造与管理""知识产权管理""知识产权与科技创新管理"等多个学科、多个名目的二级学科❷。具体看，那些设立"管理"方向二级学科的院校，同时也都有法学院系，相关二级学科大都放置在法学院之下。个别学校在创设以交叉学科面目出现的知识产权学科之前，也是以知识产权法进行本、硕、博层次的招生，只是在被撤销博士点之

---

❶ 13 个门类包括：哲学、经济学、法学、教育学、文学、历史学、理学、工学、农学、医学、军事学、管理学、艺术学。

❷ 赵勇，单晓光. 我国知识产权一级学科建设现状及发展路径 [J]. 知识产权，2020（12）：29.

后才作出了后来的选择❶。考虑到现状，"知识产权一级学科"涉及的背景专业虽然多，但仍应以法学为主，否则在招生、教学、科研管理等方面都会面临非常大的困难。

片面强调学科的交叉性，势必给课堂教学这一知识产权人才培养的重要环节带来不必要的困扰。传统的知识产权法学，归属于法学一级学科下的"民商法学"。从研究对象上来看，"知识产权一级学科"不仅与法学有重叠，更和管理学、理学、工学等一级学科存在交叉。"知识产权一级学科"的试点建设，势必要打破现有的学科界限。多年来，一级学科的倡导者们都在强调知识产权人才在知识与技能方面的复合性：既要懂法律，也要懂技术；既要懂管理，还要懂外语。按照这种"大而全"的复合型人才培养目标，高校要在"知识产权一级学科"内部完成上述几个一级学科的培养任务。可以预见，由于研究对象的重叠，"知识产权一级学科"会与其他一级学科在教学内容上产生大幅度的重叠，不论是教材的编写，还是课程的设置，更或是课程的讲授，都存在极大的变数，学科发展的稳定性存疑。作为以交叉性为突出特点的学科，"知识产权一级学科"涉及的背景专业多，但归属于自身学科的专业知识少，广度有余而深度不足。从某种意义上看，"知识产权一级学科"就是一个"四不像"学科，我们甚至找不到这个一级学科独有的研究对象。确定的、独有的研究对象，是课堂教学的基本前提，"知识产权一级学科"在这一点上有天然的不足。

不论如何变更学习方案，本科阶段的学习都很难实现真正意义上的复合型知识产权人才的培养目标。"知识产权一级学科"的试点建设当然包括"知识产权"本科专业。事实上，在一级学科试点建设之前，部分高校早就以"知识产权"作为本科招生的专业。然而，"知识产权"本科专业的学习时长与课程设置上的限制，注定了单纯依靠"知识产权"专业本科阶段的教学活动是很难培养复合型人才的。除非试点建设的高校修改学制，否则，"知识产权一级学科"下的"知识产权"本科专业的学制就要和大部分专业一样，只

---

❶　例如，同济大学就设立了工商管理、应用经济学、生物学、计算机科学与技术、设计学五个一级学科交叉的知识产权学科。2016 年，该校的法学博士点被撤，而知识产权法恰恰是该校的特色专业之一。

有四年时间。四年的时间根本不足以让学生完成法学、理学、工学、农学、医学、管理学等诸多学科在内的跨学科学习，面面俱到的培养目标对应着杂而不精的课程设置和浅尝辄止的学习效果。这种状况，在"知识产权一级学科"试点建设之前就已存在，四年学制造成的学习时间限制和复合型人才培养目标造成的学习任务限制，都不可避免地使本科层次知识产权人才的培养走向一地鸡毛的尴尬境地。

（三）理论教学多，实践教学少，高校培养的人才质量无法满足多样化的市场需求

人才需求多样化不等于专业设置多样化。知识经济时代，整个社会对知识产权人才有强烈的需求，法律实务人才、专利代理师等都存在缺口，而缺口的补齐，主要依赖高校培养。早在 1986 年，中国人民大学知识产权教学与研究中心就率先成立，经过 30 多年的发展，我国已经建立起包括"知识产权"本科专业、知识产权双学位、知识产权第二学位和知识产权研究生教育在内的完整的学历教育培养体系。从培养方案来看，各个高校的目标大都是要将学生培养成懂法学、管理学、经济学、理工科学以及相关学科的全能型人才[1]。如此培养的目的，显然是为了满足多样化的人才需求。但是，人才需求多样化并不等于专业设置多样化，特别是在本科阶段，如果将培养目标确定为全能型人才，无视各个学科专业知识的深度、广度和差异度，那么即便师生都付出了艰辛的努力，极大概率都会事倍功半，学生对相关学科知识与技能的掌握难免变成夹生饭，根本满足不了市场对知识产权专业人才的需求。

要想积极回应人才需求多样化的变化，提高知识产权人才的实务能力是较为妥当的措施，而高校在课堂教学中偏重理论教学则是知识产权人才实务能力无法尽如人意的原因之一。长期以来，我国法学教育，特别是本科阶段的法学教育，都是以课程理论讲授为主，不太重视学生实践能力的培养，知识产权的课堂教学也延续了此种教学传统。法学是一门注重实践的社会科学，

---

❶ 邓建志. 知识产权专业本科教育问题研究［J］. 知识产权，2017（11）：77-83.

课堂教学本应理论教学与实践教学并重，而案例教学是融合二者的重要手段，教师可以案例为切入点，教会学生如何分析、解决现实问题。无论一些学者如何强调知识产权专业的复合性，他们都无法回避一点：知识产权问题首先是一个法律问题。因此，知识产权人才的培养必须重视法律实务能力的训练和提升。法律实务能力的核心，是法律规范的整体适用，司法裁判是运行中的法律，加强对典型案例的教学、分析、研讨，是提升知识产权人才实务能力的重要途径。而当教师在课堂教学中对案例教学重视不足时，他就很难进行有针对性的实务教学，对学生法律实务能力的训练与提升功效很小。案例教学的效果，取决于教与学两方面的因素：教师对案例的了解程度和学生对案例教学的参与程度。正如一些学者所言："即便是当前有些教师有意识地开展案例教学，着力提升和培养学生实践能力，但是其仍然存在一些不足"❶。此外，知识产权代理、专利分析、专利预警等也是知识产权实务人才重要的工作类别，但传统法学院的课堂教学对此关注较少。从课程设置来看，大部分开设知识产权专业的高校总体上还是注重知识产权法学的课程，虽然在课程设置中都安排有实务操作训练和校外实习，但基本上都是延续传统授课方式，重理论轻实践。同时还需正视的是，具备跨学科背景的复合型教师数量较少，特别是从事专利分析、预警等业务的教师较少，这一现实短板导致教师很难在提升学生实务能力的过程中提供实质性的帮助、指导。由于在校期间很少接触到技术能力和管理能力培养的课程，学生毕业以后还需要重新学习相关知识，这也在一定程度上影响了知识产权实务人才的多样化供给。

高校在实践教学环节认识不清与投入不足，是知识产权人才实务能力无法尽如人意的第二点原因。知识产权专业的实践性非常强，产教融合对于知识产权专业的教学工作非常重要。然而，知识产权专业属于全新专业，产教融合的教学理念仍有待进一步深化❷。高校主要通过毕业实习来达到实践教学

---

❶ 崔汪卫，胡天雨. 我国知识产权人才培养的现实困境与破解路径［J］. 河南科技学院学报，2020（6）：53.

❷ 殷聪，周于靖. 产教融合下电子商务及法律专业人才协同培养研究［J］. 黑龙江教育，2020（2）：86-87.

的目的，实习单位行业领域窄、实习工作内容少是目前知识产权专业学生毕业实习中存在的主要问题。毕业实习时大部分高校都将学生安排在法院、律师事务所实习，学生也倾向于在法院、律师事务所实习；部分学生选择去有一定实力的企业实习；很少有学生到知识产权代理公司实习。知识产权实务包括但不限于司法实务，知识产权代理、专利检索等也是其中的重要领域，但在高校实践教学环节所获得的关注远远不够。事实上，实务操作训练匮乏已经成为严重制约知识产权本科人才培养的瓶颈❶，同时也影响着知识产权专业硕士研究生人才培养的效果。尤其是那些两年制的硕士，他们在校时间本身就很短，理论知识学习尚且存在很大缺漏，再加上司法考试、公务员考试、专利代理师考试等诸多资格类考试对学习时间的挤占，真正留给他们用于专业实习的时间非常有限。实习时间较短，通过实习环节提升实务能力的效果自然也很有限。要想实现实务能力培养的破冰，满足多样化的市场需求，实习单位类别的增加和实习时间的延长是基本的应对之道。

(四) 培养思路摇摆不定，"知识产权一级学科"建设的指导思想不够明确

部分学者认为，知识产权归属于法学，知识产权人才培养应当以法学为核心，同时注重与管理学、经济学等学科的交叉与融合❷。而在"知识产权一级学科"的倡导者看来，"知识产权是一门横跨自然学科与社会学科的大交叉学科，需要吸收与培养兼具科学与人文素质的复合型人才"❸。从学科交叉到学科复合，学界对于知识产权人才培养思路的看法也在发生变化。需要注意，学科交叉与学科复合有着本质的不同，前者是以法学为主，后者是各个学科并重。学科复合的论调在早期的"2+2"模式"知识产权"本科专业招生中就已流行，并在一些理工科院校中得到推行。但是，在本科阶段完成"复合型人才"的培养目标，可行性很低。

第一，理、工、农、医科背景是对知识产权领域相关从业人员专业背景的片面判断，主要适用于专利代理师。从专利代理师的资格考试与实践操作

❶ 卢喆. 新时代高校知识产权本科人才培养模式探究 [J]. 教育现代化, 2019 (40)：30-32.
❷ 陶丽琴，陈璐. 我国知识产权人才培养模式和学科建设研究 [J]. 知识产权, 2011 (7)：94.
❸ 赵勇，单晓光. 我国知识产权一级学科建设现状及发展路径 [J]. 知识产权, 2020 (12)：30.

来看，理工科背景都是专利代理师的必备条件，这一专业限制在一定程度上增强了"复合型人才"培养目标定位的说服力。然而，这种说法似是而非，存在明显的纰漏，夸大了技术背景对知识产权实务工作的影响，错把专利代理师当作知识产权实务人才的全部。尽管专利代理师的工作很重要，但他们只是知识产权领域诸多职业类别之一，并非全部。理工科背景对于技术问题很重要，但也只是专利代理师的职业要求，不是所有从业人员的行业准入条件。除专利代理师之外，商标代理人、公司法务、律师、法官等相关职业都没有理工科背景的要求，而他们的职业对于知识产权的取得、保护、利用都不可或缺。

第二，理、工、农、医的学科背景的描述隐含着对专利代理师所拥有的专业知识的夸大，且排除了文科背景的人员处理技术类实务的可能性，这种限定是不科学的。专利代理师的资格考试要求理、工、农、医的学科背景，但这种学科背景要求并不意味着专利代理师应当具备所有学科背景，他们通常也只具有理、工、农、医学某一门类下特定学科的专门知识，远远达不到一些学者所想象中的多专多能。专利代理师只是具有专业技术知识的普通人，不可能了解所有自然科学领域的专门知识，即便取得了相应的证书，他们的执业范围也依然受限于自己的专业背景。对于自己不熟悉的学科领域，理、工、农、医的学科背景并不能保证专利代理师可以比文科背景的从业人员作出更好的判断。从实践来看，无论是律师从事案件代理，还是法官居中裁判，技术背景的缺乏并不影响他们对由技术问题引发的法律问题的有效解决，文科背景的人员同样可以处理技术类实务。

第三，受限于学制，"知识产权"本科专业很难培养出"兼具科学与人文素质的复合型人才"。"复合"本身是一个非常模糊的定性而非定量描述，从逻辑上看，两个以上专业背景就可能构成"复合"，但具体多少个专业背景才能达到"复合型人才"的基本要求，多精深的专业知识与技能才能称之为真正意义上的"复合"，缺少一个明确的标准，这种模糊的目标预设给高校知识产权人才培养带来了困难。发明创造的完成和作品的创作涉及诸多学科门类，要想在本科阶段的四年时间里实现培养全面复合型人才的目标，根本做不到。特别要注意的是，本科阶段无法达成培养复合型人才的目标，与课程体系无关。有观点认为，课程体系不完整是全国高校知识产权人才培养普遍存在的问题，知识产权人才还应当具备必要的工科、经济、管理等方面的知识，并以华东政法大学和湘潭大学的培养方案为例，提出这些学校还没有开设工程制图、大学物理、大学化学等基础课程❶。按照这种"大而全"的观点推论，知识产权专业应当开设13个学科门类中11个学科门类的课程。事实上，绝大多数一级学科都会与发明创造、艺术创作有关，遵循上述逻辑，这些学科的基础知识都应被纳入知识产权专业的基础课程，在学科分类越来越细致的当下，知识产权专业学生毕业将遥遥无期，更谈不上知识产权人才实务能力的培养。

第四，"大而全"的多学科教学模式固然不可取，"小而全"的两学科教学模式也存在明显的弊端。即便是退而求其次，改"大而全"为"小而全"，在本科阶段转而培养"技术+法律"或"法律+管理"之类的双学科复合型人才，培养效果也并不尽如人意。从现实结果来看，四年的本科学习时间非常有限，绝大部分高校的绝大部分学生都没有能力在四年间有效完成两个跨度很大的专业的学习，大都避免不了一地鸡毛。总而言之，"知识产权一级学科"所必需的本科教育无力承担培养复合型人才的重任。

三、正本清源：高校知识产权人才培养模式优化的现实选择

（一）提升办学层次，减少低水平重复建设

我国知识产权人才培养起步于20世纪80年代初，经过30多年的发展，已经形成了博士、法学硕士、法律硕士、双学位、全日制本科等多层次的知识产权专门人才培养机制。其中引发争议最多的，是全日制本科的培养机制。2004年起，教育部在本科专业目录外增设知识产权试办专业（专业代码：030103S），学制为四年，授予法学学士学位。知识产权试办专业是知识产权人才培养的主要方式，开设数量最多，招生规模最大，对于高校知识产权人才培养的实效举足轻重。

---

❶ 崔汪卫，胡天雨. 我国知识产权人才培养的现实困境与破解路径［J］. 河南科技学院学报，2020（6）：53.

单单依靠"知识产权"本科专业的学习是根本无法实现培养跨学科复合型人才培养目标的，应当减少"知识产权"本科专业和跨学科课程的设置。一些研究者指出，部分高校在知识产权专业培养计划中未充分强调实务型知识产权人才的培养目标，实践类课程学分比例低、课程数量少、课时安排较短，制约和影响了知识产权人才培养的质量❶。上述问题客观存在，但这些客观存在的问题所指向的根本目标——在本科阶段培养复合型人才——则是根本不可行的。如前所析，四年的时间根本无法让学生完成跨学科的专业学习。换言之，类似课程数量少和课时安排较短等问题，永远无法得到根本解决。部分高校对知识产权专业的认识存在误区，在本科阶段开设了横跨多个一级学科的基础课程，并有继续增加相关基础课程的想法和趋势，这种做法对于知识产权复合型人才的培养而言，无异于南辕北辙。优化课程设计，删减没有必要出现的跨学科课程，才是知识产权本科教学的正途。学习是双向互动的过程，本科阶段无法实现复合型人才的培养目标，既有学生在校学习时长的原因，也有课程设置的原因，更有教师的原因，部分高校师资水平是影响"知识产权"本科专业培养效果的重要因素。根据教育部发布的年度本科专业新增目录，截至 2022 年 2 月，全国共有 107 所高校开设"知识产权"本科专业，有一些院校将知识产权本科专业分别设置在经济与管理学院、政法学院、文法学院、公共管理学院等。连独立的法学院都没有成立，科研与教学实力自然无法实现在"知识产权"本科阶段完成"复合型"专业人才培养的任务。特别是一些综合实力一般的普通院校，不论是法学教育，还是管理学、理、工、农、医学门类的跨学科教育，其培养水平都不足以支撑完成复合型人才培养目标。对此，部分高校应当本着对学生负责、对社会负责、对国家负责的态度，谨慎开设"知识产权"本科专业，尽量避免不具备培养条件的高等院校浪费宝贵的教育资源。

在压缩"知识产权"本科专业招生的同时，国家层面应当增加知识产权专业硕士研究生的招生数量，在招生名额上向理、工、农、医学门类的考生有所倾斜，跨学科复合型人才的培养目标应当主要在硕士研究生阶段实现。

---

❶ 吴广海. 知识产权人才需求导向下高校实践教学的优化问题［J］. 中国科技信息，2013 (7)：203.

复合型人才的培养目标对培养对象提出了更高要求，本科、研究生阶段就读不同的专业是复合型人才的产生前提。本科阶段专心于理、工、农、医学某一门类的一级学科专业知识的学习，硕士阶段学习知识产权法、管理学等内容，这样的学习时长、学科背景、学历层次保障了专业复合的可靠性。换言之，硕士及以上阶段的学习，才是高校复合型人才培养的正途。相比于单纯的"知识产权"本科专业，知识产权第二学位在跨学科背景上效果更好一些，考虑到研究生招生数量的限制，可以保留这两种学制。根据市场反馈，全国知识产权人才招聘市场中大学本科为主要需求学历，占 56.2%，本科学历岗位需求中企业法务岗需求占总岗位需求的 48%，专利类相关岗位占 22%；硕博岗位需求中专利类相关岗位占 39%，企业法务占比则下降到 25%❶。显而易见，本科毕业生将会在企业法务类工作中获得更多机会，而专利领域更倾向于硕、博研究生学历。高校培养的知识产权专业人才应当服务于市场需求，在这个总要求之下，提升"知识产权"本科学生的法律实务能力就成为一个必然的选择。由于专利领域更倾向于具有跨学科背景的硕、博研究生，知识产权专业研究生招生在总体名额增加的同时，应保持向理、工、农、医科背景学生的相对倾斜。

（二）延长学制，增加实践教学环节时长，针对不同专业背景开设相应课程和确定实习机构

复合型人才的合格培养与实践能力的全面提升，需要从整体上延长硕士研究生的培养时制，增加实习时间和实习基地，强化在其他实务部门的实际操作。学习时长，已经成为制约知识产权专业本科生与研究生专业能力提升的瓶颈。为有效对接社会需求，学生在就业之前应当尽可能地提升实务能力，这一客观要求意味着我们需要从整体上延长研究生的培养时制，增加学生在校内与校外实习基地的学习时间。与此同时，培养时制的延长将会给学生在时间安排上带来更大的自由空间，更多学生可以参与到实习活动中来，在不同行业、不同岗位上完成角色转换和技能训练。具体而言，对于两年制的知

---

❶ 智诚人才. 2019 年 1 月全国知识产权人才需求分析报告［J］.（2019-03-01）［2022-01-13］. https://www.163.com/dy/article/E96VFHDI05442TPN.html.

识产权方向的硕士研究生，无论是法学硕士、法律硕士，还是专业硕士，都应当将学习时制改为三年，充分保障实习时间。对于三年制的知识产权方向的硕士研究生，实习时间应不少于六个月，连续实习时间应不少于三个月。在实习基地的建设与选择上，应当放宽眼界，动员社会力量，建立包括政府机关、服务机构、企事业单位在内的实习基地体系，共建联合培养基地，增加学生的实习岗位与学习内容。同时，尊重市场，与企业联合培养符合市场需求的知识产权人才。除了司法系统，知识产权代理公司和企业的法务部门也是重要的实习岗位，同样应予以重视。

考虑到知识产权实务的复杂性，应当针对不同专业背景开设相应课程和确定实习机构，提高专业知识与实践技能的契合度。在高校层面，应当转变培养思路，在硕士研究生阶段，根据学生本科阶段的专业背景确定相应的实务课程。目前国内高校在知识产权人才培养的课堂教学中，主要采用法学院通用的传统教学方法——以讲授为主、案例讨论为辅❶。对于文科背景的学生，可以沿用这种教学方式培养学生的司法实务能力，并应从制度层面制定教学用案例的选择、更新规则，防止个别教师以过时的案例来敷衍教学。对于具有理、工、农、医学科背景的学生，可以面向其开设专利代理、检索、预警等实务课程，为日后实务技能的应用和提升奠定基础。在这一问题上，南京理工大学知识产权学院的尝试可以给国内高校提供一定的参考：知识产权专业课程设置兼顾理论教学与实务训练，课程内容包括专业基础课程、专业方向课程、专业选修课程和集中实践教学环节课程❷。实习机构的选择也应遵循同样的逻辑。对于文科背景的学生，可以将商标代理机构、影视公司、文化公司、传媒公司和其他类型企业的法务部门列为备选的实习机构，通过直接的实践活动提升其运用法律解决问题的能力和管理能力。对于理、工、农、医学科背景的学生，可以将专利代理公司和企业的专利部门列入备选的实习机构。理工科背景的硕士研究生，可以培养成为既懂法律、又懂技术的"小而全"的复合型人才。总之，既要根据专业背景开设相应课程，也应以此

---

❶ 余燕，黄胜开. 美国高校知识产权教学对我国的启示 [J]. 东华理工大学学报（社会科学版），2012（4）：382-385.

❷ 杜伟. 高校知识产权应用型人才培养路径探究 [J]. 政法论丛，2013（6）：121-126.

为依据确定实习机构，保障课堂学习与校外实习的效果。

(三) 强化法学教育，增加实务导师的数量及其在教学活动中的参与度

"强化法学教育"的培养思路选择意味着在各个教学层次与教学环节，都应当重视司法实务能力的培养。在美国，法学院不招收本科生，学生必须先获得法律专业之外的本科以上学历，而后才能经由入学考试获得法律专业研究生的学习资格。因此，在美国的知识产权教育中，"小而全"的"复合型"人才已经成为基本的培养结果，知识产权专业人才都拥有一定的司法实务能力，不论他是何种初始专业背景，司法实务能力是知识产权专业人才的标配。我国的情况不同，法学专业招收本科生。因此，"复合型"人才的培养主要依赖于非法学本科专业的学生就读知识产权专业。在此基础上，法学本科出身的知识产权专业人才，在法律实务上参与更多，而非法学本科出身的知识产权专业人才，在专利代理等实务中有更大的用武之地。这种表面上的差异容易让人产生非法学本科出身的知识产权专业人才所从事的工作与司法实务无关的错觉。但是，专利代理等实务工作与司法实务工作有着密不可分的内在关联，后者是前者的制度保障，脱离法律完成专利代理工作将会引发不必要的困扰与纠纷。所以，在各个教学层次与教学环节，高校都应重视知识产权专业学生司法实务能力的培养。

在师资队伍建设上，应当充分整合社会资源，增加实务导师的数量，提升实务导师在教学活动中的参与度。知识产权专业教师应当是具备一定实践技能和较高理论水平的"双师型"人才。在教师队伍的实践技能，特别是专利代理、专利分析等涉及技术层面的实践技能相对不足的现实情况下，从法院、律师事务所、专利代理公司等相关机构中聘请专业能力突出的知识产权从业人员到高校为学生讲授实务课程，通过个人主办的鲜活的实践案例激发学生课堂参与的积极性，促进理论与实践的良性互动。美国高校在知识产权教师队伍的配置上注重吸引有实务经验的人员参与到教学活动中，全职教授主要从事基础性和理论性课程的教学，兼职教授多从事与其执业方

向密切相关的课程教学，后者的人数占比高于前者❶。实务导师参与教学活动，将会增加课程讲授的针对性，同时也能为学生的职业规划提供更为清晰的指引。

强化案例教学，是提升知识产权人才司法实务能力的重要手段。课堂教学可以传授给学生关于法条的知识，这属于书本上的法律，而行动中的法律，则要通过案例教学加以掌握。司法案例展现了法官解释、适用的过程与结果，对相关产业的发展也会产生实质性影响。通过案例学习，学生可以深入了解立法者与司法者的思维，为今后各种法律纠纷的有效解决奠定理性基础。正如一些学者所言："司法案例不但能够呈现案件的全貌，并且能够洞悉立法精神和司法政策，是培养知识产权人才法律思维和应用能力的最直接和有效的途径。"❷ 在课堂教学中增加案例教学，可以帮助学生间接获得知识产权司法实务经验，有效提升学生的法律适用能力。在具体的教学活动中，可以采取学术导师与实务导师"双师同堂"的授课方式，有效结合理论与实务，融合案例分析、实务技巧等多种教学方法❸。知识产权与产业发展密切相关，新兴产业、新兴技术的应用将会对知识产权法的现有规则提出挑战，如何在现有规则体系下以法律解释的方式有效应对层出不穷的新类型侵权行为，这都需要法律共同体贡献智慧，而紧跟司法实践发展更新案例就成为案例教学效果的重要保障，对知识产权教学人员提出了更高的要求。

四、结语

"知识产权一级学科"的定位提升了知识产权专业的重要性，但无助于解决目前存在的各种突出问题。"知识产权一级学科"试点建设对我国高校知识产权人才培养提出了新要求，今后需要打破现有学科的界限，加强知识产权实务能力的培养，鼓励相关学科的融合发展，实现多学科背景知识的融通。面对当下学科建设中存在的"三多三少"等问题，本文主张正本清源，优化

---

❶ 曾培芳，叶美霞，刘红祥. 中美知识产权人才培养模式比较研究 [J]. 科技进步与对策，2008 (12)：228.

❷ 邓恒，周小祺. 高校知识产权人才培养模式的反思与重构 [J]. 中国高校科技，2020 (6)：44.

❸ 黄汇，石超然. 知识产权复合型人才培养实践教学创新研究——以西南政法大学为例 [J]. 工业与信息化教育，2018 (2)：64.

高校知识产权人才培养模式。具体而言，包括如下举措：提升办学层次，减少低水平重复建设；延长学制，针对不同专业背景开设相应课程，增加实践教学环节时长；强化法学教育，增加实务导师的数量及其在教学活动中的参与度。期冀本文能为知识产权专业的发展和知识产权人才的培养，带来萤火之光。

石家庄学院知识产权专业本科毕业生就业去向及市场需求调查报告

▌杜　倩

作者简介：杜　倩（1987—），女，河北新乐人，石家庄学院法学院讲师，法学硕士。研究方向：国际经济法，知识产权。

一、概　况

（一）调查背景

石家庄学院于 2013 年、2014 年和 2015 年招生过三届知识产权专业，本项目基于这三届知识产权专业毕业生数据，并结合外部就业环境现状，从毕业生就业现状、收入状况、工作满意度、职业发展前景等方面，呈现出知识产权专业毕业生的就业状况、职业发展前景及对专业学习的满意度，进而对知识产权专业进行总结评价，分析其中的主要原因与影响因素，为知识产权专业毕业生的去留提供参考。

（二）调查目的

通过对石家庄学院知识产权专业毕业生就业去向及就业现状进行追踪，就毕业生在求职和工作过程中所需知识进行统计、归纳和整理，回顾总结知识产权专业人才培养上的成败得失，分析预测知识产权专业毕业生的就业前景，提出知识产权人才培养培训及就业的合理化建议。

（三）调查方法

在每届学生中确定 2~3 名联系人，由联系人将问卷转发到班级微信群、宿舍微信群方式进行。通过利用问卷星制作调查问卷，对石家庄学院三届知识产权专业毕业生进行匿名调查，了解学生信息与想法，对知识产权专业毕业生的问卷进行统计分析。

（四）调查对象

对 2017 届、2018 届、2019 届三届知识产权专业毕业生就业状况进行调查总结，另外结合石家庄学院知识产权专业的任课老师与知识产权行业从业人员的沟通交流，对知识产权专业人才培养进行调查分析。

（五）调查内容

2017 届、2018 届、2019 届三届毕业生共计 117 名，本次调查通过问卷星进行，共计收回问卷 101 份，对调查问卷内容进行统计、分析。相关结论依据对该 101 份样本的统计分析得出，希望能从已经走上工作岗位的知识产权专业毕业生的视角，回望石家庄学院知识产权专业的过去，窥见知识产权专业的未来。

1. 目前的就业状态

主要了解毕业生目前的状况，主要包括毕业生目前是在就业还是在学习或创业等，如果就业，那么现在主要从事什么职业、在哪些城市、薪资状况如何、与所学专业是否对口，以及对目前的工作是否满意及职业发展前景等。

2. 工作和择业的影响因素

为满足学生工作和择业的需要，了解学校课程设置和教学安排的实用性，问卷调查了在校所学专业课知识对目前工作的影响程度、在校期间的技能训练对求职的影响，以及毕业生在择业时的考虑因素以及影响就业的主要问题等题目，以充分了解工作和择业的影响因素，便于相关专业及知识产权专业制定培养方案时参考。

3. 对知识产权专业的再认识

曾经的知识产权专业学生、今天的毕业生如何看待知识产权专业？通过对知识产权专业毕业生的就业前景、自己会不会重新选择知识产权相关职位，以及是否支持学校继续开设知识产权专业进行调查，获取毕业生对知识产权专业的再认识。

4. 对知识产权专业建设以及人才培养的评价和建议

该问题系开放性问题，由毕业生匿名回答，以获取毕业生对专业建设和人才培养的真实评价。

二、数据分析

（一）历年毕业生人数

2017届知识产权专业毕业生39名，2018届知识产权专业毕业生有40名，2019届知识产权毕业生38名，合计117名，收回调查问卷101份，其中2017届33份、2018届38份、2019届30份。

（二）毕业生就业状况分析

随着就业市场竞争加剧及对人才要求逐步提高，大学生群体也在调整发展路径，越来越多人选择继续深造，或拥抱当下灵活就业、自由职业等多元的就业形态，拓宽自己的未来选择。图1显示，毕业生中绝大部分学生更倾向直接工作，学生数达81人，占比达80.2%；有8名学生选择继续读研，占比为7.92%；另有3名学生出国、3名学生自主创业，占比均为2.97%；除此外，有6名学生暂未就业，占比为5.94%。

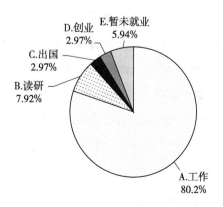

图1　毕业生就业状况

（三）毕业生就业职业分析

据统计，101 名毕业生中，有 23 名毕业生从事与知识产权服务相关行业，占比为 22.77%；23 名毕业生在企业工作，占比为 22.77%；21 名毕业生从事公务员工作，占比为 20.79%；16 名毕业生从事律师工作，占比为 15.84%；2 名毕业生在司法机关工作，占比为 1.98%（见图 2）。

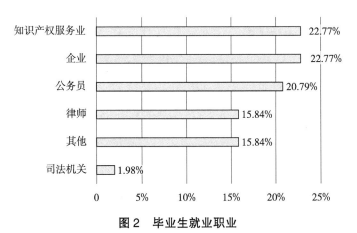

图 2 毕业生就业职业

（四）毕业生就业去向分析

从图 3 可以看出，2017—2019 年毕业的知识产权专业学生中，选择留在石家庄市工作的人数最多，为 42 人，占比约 41.58%，这与近年石家庄高速发展的社会经济环境，以及学生求学期间对城市环境的熟悉感、依赖感有关，也从侧面说明了石家庄作为中部中大城市在就业环境方面的吸引力越来越强，能够留住更多人才支持石家庄市建设。此外，有 33 名毕业生选择在省内其他城市工作，占比 32.67%；9 名学生在省外其他地区就业，占比 8.91%，这其中较多毕业生是基于生源地等原因回到家乡发展。同时，也有 17 名毕业生由于个人理想、城市发展等多种因素选择到北上广深就业，占比 16.83%。

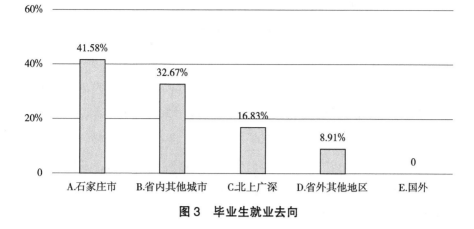

图3　毕业生就业去向

（五）毕业生读研比例分析

从图4数据可以看出，由于近年国内外知识产权行业的大发展，以及国家对知识产权发展的日益重视，加之知识产权专业具有较强的专业性和技术性，所以即使在日益激烈的就业环境中，知识产权专业毕业生仍然占据较大优势，大部分学生选择直接就业，占比为92.08%；仅有8名学生选择考研，占比仅7.92%。选择考研的学生主要是为了在更高的平台上，进一步提高个人专业能力，拓宽个人视野，同时获取更高学历，为今后事业发展积累更多技能和阅历。

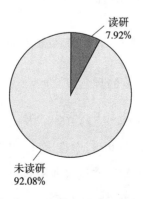

图4　毕业生读研比例

（六）毕业生目前职位薪资情况

据河北省统计局2021年6月发布的《2020年全省城镇单位就业人员平均工资》统计数据来看，2020年，全省城镇非私营单位就业人员年平均工资为

77323 元，全省城镇私营单位就业人员年平均工资为 44942 元，折合平均月工资分别为 6444 元、3745 元。此次问卷调查显示（见图 5），101 名毕业生中，共有 65 名毕业生（占比 64.35%）目前职位薪资达到 4000 元以上，其中 11 名毕业生（占比 10.89%）职位薪资达到 8000 元以上（含 8000 元）；18 名毕业生（占比 17.82%）职位薪资达到 6000~8000 元（含 6000 元）；36 名毕业生（占比 35.64%）职位薪资为 4000~6000 元（含 4000 元）。另有 36 名毕业生职位薪资为 4000 元以下，占比 35.64%。粗略对比可见，大多数毕业生目前职位薪资超过，甚至双倍高于河北省城镇私营单位就业人员平均工资，显示知识产权专业学生岗位薪酬是较为可观的。

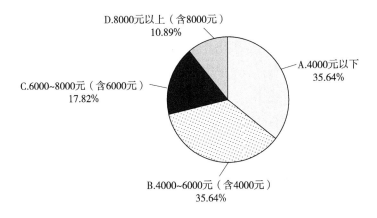

图 5　毕业生职位薪资情况

（七）毕业生就业与专业的契合度

图 6 数据显示，问卷调查时有 23.76% 的毕业生工作职位与知识产权专业完全对口，有 47.52% 的毕业生工作职位与知识产权专业基本对口，有 28.71% 的毕业生工作职位与知识产权专业不对口。2020 年 9 月，智联招聘发布的《2020 秋季大学生就业报告》中提到，通过大数据监测 2017—2019 年不同专业背景的毕业生当前从事的职业关联情况发现，职业与专业的匹配度整体较高，专业对口仍是市场供需匹配的主旋律。整体来说，101 名毕业生中，大约有 71.28% 的毕业生从事着与专业相关的工作，就业与专业契合度符合就业契合度整体趋势。

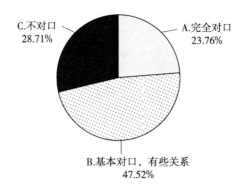

图6 毕业生就业与专业的契合度

此外，2018 年，LinkedIn（领英）发布《第一份工作趋势洞察》，指出通过调查 15 万份用户档案分析发现，第一份工作的专业对口比例呈现出随代际递减的趋势，"70 后"当年的专业对口比例超过 40%，"80 后"当年的专业对口比例达到 39.8%，"90 后"当年的专业对口比例为 36.2%，而"95 后"则锐减到 28.8%，超过 7 成的"95 后"毕业生第一份工作与所学专业无关。对比发现，相较于"95 后"大学生整体就业专业对口趋势来看，石家庄学院知识产权专业毕业生就业与专业契合度是较高的，这与择业城市就业岗位涉及细分领域的比例，以及行业入职难度有一定关系，但也从侧面显示了毕业生对专业的满意度，以及对从事相关行业的兴趣。

对于从事非专业相关行业的毕业生来说，主要是基于两方面原因，一是知识产权行业需要的是复合型实用人才，而在学校学习的内容虽然覆盖了知识产权与理科的基本知识，但在知识产权实务方面缺少相应的锻炼与实习，在知识产权领域需要以一个新人的姿态进行深度学习，导致部分人员从本行业流失；二是知识产权领域仍然是一个新的产业，基础工资并不算太高，入职前期较为辛苦，也是本专业人员转行的原因之一。

（八）毕业生对目前工作的满意度

在调查中获知，有 26.73% 的毕业生对目前工作感到满意，53.47% 的毕业生对目前工作基本满意，同时也分别有 11.88%、7.92% 的毕业生对目前工作不太满意，甚至不满意。整体来看，满意的比例达到80.2%，与上文中提到的毕业生就业与专业契合度基本相对应（见图7）。

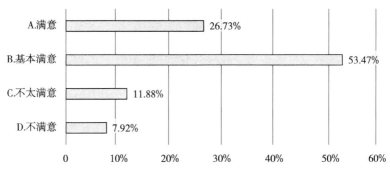

图7　毕业生对目前工作的满意度

（九）毕业生对目前工作的职业发展前景评价

由图8可见，15.84%的毕业生认为目前工作发展前景非常好，47.52%的毕业生认为目前工作发展前景比较好，32.67%的毕业生认为目前工作发展前景一般，仅3.96%的毕业生认为目前工作发展前景比较差。

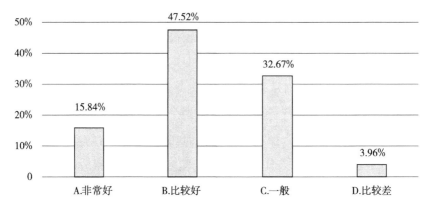

图8　毕业生对目前工作的职业发展前景评价

（十）在校所学专业课知识对目前工作的影响程度

根据毕业生反馈，总计41.58%的毕业生反映在校所学专业课知识对目前工作影响很高或较高，40.59%的毕业生认为上述影响一般，另有17.82%的毕业生认为上述影响较低（见图9）。

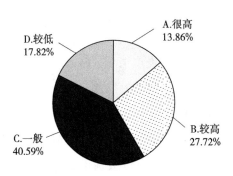

图9　在校所学专业课知识对目前工作的影响程度

(十一)　在校期间哪些技能的训练有利于成功求职

　　本题为毕业生提供了九项在校期间训练的技能，便其选出个人认为较有利于促进成功求职的多个因素，调查结果显示（见图 10），"专业知识和技能""表达与交际能力""社会实践经历""学习能力"被认为是最有利于成功求职的因素，均获得半数以上票数，其中尤以"专业知识和技能"最获肯定，可见扎扎实实学好专业课知识，尽可能拓宽自身专业视野，培养专业思维，提升专业素养仍是保证求职顺利以及在职业路上行稳致远的不二法门。此外，"司法从业资格证书"也获得较多票数，主要在于知识产权作为交叉学科，在学习课程中涉及多门法学课程，诸多学生选择从事公检法、律师等相关行业，因此司法从业资格证书是毕业生入职的必备敲门砖，也会直接影响从业者在此类岗位上的发展前景。

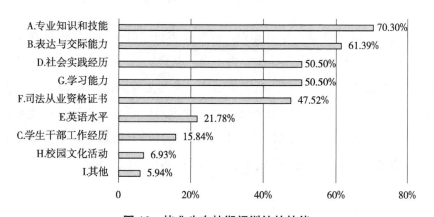

图10　毕业生在校期间训练的技能

（十二）选择目前工作单位时考虑的主要因素

如图 11 所示，经历新冠肺炎疫情后，67.33%的毕业生表示会更注重企业的薪酬与福利，61.39%的毕业生较为在意工作地点，54.46%的毕业生更为重视个人发展空间，52.48%的毕业生会更加考虑单位性质，35.64%的毕业生倾向于选择稳定的工作，30.69%的毕业生希望选择专业对口的岗位。另外，单位规模、名气，个人兴趣爱好，岗位级别也是毕业生比较关心的因素。父母意愿占比则较小，仅有 9.90%的毕业生会在择业时考虑父母意愿，这与"95后""00后"大学生强烈的自主意识、张扬独立的个性，以及较为多元的价值理念和宽松的社会环境有着不可分的关系。

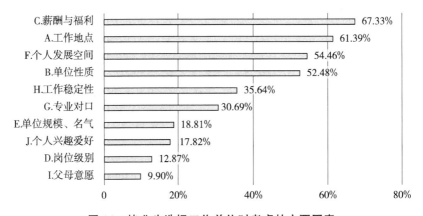

图 11　毕业生选择工作单位时考虑的主要因素

（十三）知识产权专业本科生在就业时面临的主要问题

66.34%的毕业生认为影响知识产权专业本科生就业的主要问题在于应届毕业生缺乏工作经验，实务操作能力不足，竞争力薄弱；59.41%的毕业生认为毕业生的就业定位不合理，期望值过高也是主要原因之一；49.50%的毕业生认为市场环境与高校之间的磨合度，对知识产权专业人才的认可度也影响着本科生就业问题；45.54%的毕业生认为市场环境对知识产权专业本科应届毕业生的需求总量不高也是影响毕业生就业的重要原因（见图 12）。

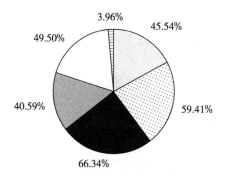

□A.市场环境对知识产权专业本科应届毕业生的需求总量不高

□B.毕业生的就业定位不合理，期望值过高

■C.应届毕业生缺乏工作经验，实务操作能力不足，竞争力薄弱

▨D.就业信息机制不健全，信息渠道不畅通

□E.市场环境与高校之间需要时间磨合，充分定义知识产权专业人才

▤F.其他

图12　知识产权专业本科生在就业时面临的主要问题

（十四）对知识产权专业毕业生就业前景的评价

如图13所示，15.84%的毕业生认为知识产权专业毕业生就业前景非常好，41.58%的毕业生认为比较好，27.72%的毕业生认为一般，14.85%的毕业生认为比较差。整体来看，57.42%的毕业生对知识产权专业就业前景秉持乐观态度，主要原因在于：一是知识产权专业培养的学生就业面相对较宽，既能够在律师事务所、专利事务所、商标事务所等从事商标代理、专利代理等专门知识产权事务，同时也能在公检法等部门从事专门的知识产权司法审判及其他法律事务，或者在版权局、商标局、专利局、科技局等部门从事知识产权管理事务。二是知识产权的专业性相对较强，较多需要复合型人才，从业者一旦在相关岗位度过适应期、磨合期，培养完善相关技能后，则工作稳定性较强，薪酬待遇也会逐步提高，从业者在岗位上容易获得成就感和奋发向上的动力。

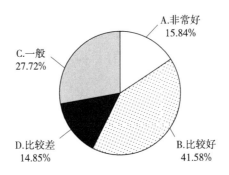

图13　知识产权专业毕业生对就业前景的评价

（十五）在今后的职业规划中，是否可能重新选择与知识产权对口的职位

调查显示，30.69%的毕业生在今后的职业规划中，正在准备重新选择与知识产权对口的职位，32.67%的毕业生计划转行到知识产权行业，但是难度较大，36.63%的毕业生暂时没有计划转行到知识产权行业（见图14）。毕业生对知识产权行业的青睐与国家对知识产权的重视，以及行业发展前景密不可分。近年来，知识产权申请、授权、异议复审、无效诉讼等数量不断上升，知识产权咨询分析、质押、保险等业务范围不断拓展，知识产权代理公司、律师事务所、公证服务、维权援助、金融服务、运营交易中心和管理公司等一大批知识产权机构涌现式发展。从市场需求来看，各层次、各类型的知识产权人才需求都呈现出稳定上升的态势，也极大地提升了毕业生加入知识产权行业从业者队伍的信心。

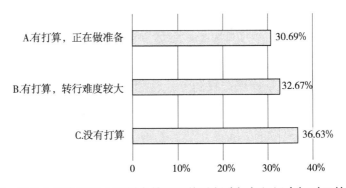

图14　毕业生在今后职业规划中是否可能重新选择与知识产权对口的职位

（十六）如果学校继续开设知识产权专业，是否会支持

在调查中了解到，76.24%的毕业生支持学校继续开设知识产权专业，23.76%的毕业生对此不太支持（见图15）。从毕业生的反馈来看，学生对学校开设的知识产权专业教学效果普遍较为认可，就业情况也比较乐观；从国家层面看，经济高速发展对知识产权人才需求的缺口也较大，特别是涉外知识产权人才，因此，加强知识产权人才培养和专业人才培训，为国家提供急需的知识产权人才也符合行业发展趋势。

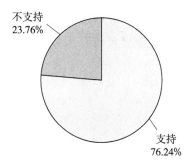

图15　是否支持学校继续开设知识产权专业

三、分析总结

"十三五"时期，政府全面实施大众创业万众创新政策，国家和地方对知识产权越来越重视，相继出台了一系列政策，如国务院2015年颁布《国务院关于新形势下加快知识产权强国建设的若干意见》，国务院知识产权战略实施工作部际联席会议办公室颁布《2020年深入实施国家知识产权战略加快建设知识产权强国推进计划》。与此对应，全国各省、市、自治区也分别出台了符合各地条件的政策。借助这股东风，知识产权行业也获得较快发展。

为此，回顾总结往届知识产权专业毕业生的就业状况，以及职业发展前景，了解毕业生对学校知识产权专业发展建设的意见建议，对于促进专业发展，推进教学改革，提升人才培养质量，为今后学校培养更多更符合社会需求的高质量知识产权人才提供理论借鉴。

纵观101份毕业生问卷详细数据，可以大致总结为四个方面，即就业状

况整体良好，就业前景较为乐观，专业教育较为满意，学生培养目标可更加多元。具体如下：

（一）就业状况整体良好

从毕业生反馈的"超90%的就业率""71.29%的专业对口率""80.02%的满意度""64.36%的薪资超4000元比例"可以看出，2017—2019年三届毕业生就业状况整体良好，在"就业难"的浪潮下，不仅绝大多数毕业生实现了就业，且七成以上为专业对口行业，并且在工作数年后，八成以上毕业生对工作较为满意。从收入水平看，有10.89%的毕业生职位薪资超过8000元，可见，知识产权专业毕业生就业相对较有优势，而且在入职3年左右有望实现高职位高收入。

（二）就业前景较为乐观

从数据上看，63.36%的毕业生对目前工作的职业发展前景非常看好或比较看好，57.42%的毕业生认为知识产权专业毕业生就业前景非常好或者比较好。此外，有超过六成的毕业生计划转行到知识产权相关行业。可见，毕业生普遍对这一行业前景秉持乐观态度。

近年，国家越来越重视知识产权工作，2021年先后发布了《关于实施专利转化专项计划 助力中小企业创新发展的通知》《关于推动科研组织知识产权高质量发展的指导意见》《知识产权质押融资入园惠企行动方案（2021—2023年）》等文件，这不仅说明国家从政策上给予了支持，也是从国家层面对知识产权工作进行了认可和肯定，推动了科研院所和企业的知识产权发展，也在一定程度上扩大了行业对知识产权人才的需求，让更多毕业生对这一行业充满信心。

（三）专业教育较为满意

在问及毕业生在校所学专业课知识对目前工作的影响程度时，有超四成的毕业生认为很高或者较高，但是认为一般的毕业生占比也约占四成，甚至有近两成的毕业生认为影响较低。相较于其他数据，"在校专业课程对工作影响程度的认可度"是偏低的。究其原因，或许在于大学里所学的专业，一定程度上是专业基础学习，距离工作实际需求的"专业"还有一段距离，工作中需求的"专业"要更复杂、更精密、更细致、更深入、更广泛。

（四）学生培养目标可更加多元

从"在校期间哪些技能的训练有利于成功求职""知识产权本科生在就业方面面临的主要问题"两项数据分析来看，"专业知识和技能"仍然是企业在招聘时首要考虑因素，也是从业者职业晋升发展的重要法宝，这也要求学校对学生在校期间专业知识和技能的培养应该更加重视、更加科学、更加有效。

毕业生反馈，"表达与交际能力""学习能力""社会实践经历"等在求职中也发挥着重要作用。现代社会，特别是现代职场，表达和沟通的重要性是不言而喻的。清华大学作为全国最高学府，自 2018 年起面向大一新生开设写作课，课程采取"深度浸润、朋辈激励"的模式，在传授相关写作沟通知识的基础上，切实有效地提升了学生的写作和沟通能力。清华大学副校长彭刚说，写作课是一门"让学生开眼的通识课"。至今，清华大学的写作课组建了由专职教师 25 人和来自 8 个不同院系 17 位校内教师构成的豪华团队。

对于企业来说，除了看重学生的专业基础外，往往也较为重视人才"底子"，更注重多维能力，特别是匹配岗位需求的特定素质，所以在校期间，学校对学生的培养应是多元的，除教授专业知识外，还应尽可能地提供丰富的平台，锻炼学生职业发展需要的特定素质、特长和能力，促进其在职业发展中能游刃有余的发挥所学才智，并在职业路上走得更稳、更远。

四、意见及建议

21 世纪，世界经济实现了从农业经济、工业经济向创新驱动的知识经济的演进，创新成为全球经济社会发展的主旋律，在我国现代化建设全局中占据核心地位。作为创新成果的最终体现，知识产权已成为重要的生产要素和大国核心竞争力，保护知识产权就是保护创新。❶ 2021 年 6 月，国务院召开

---

❶ 赵勇，单晓光. 我国知识产权一级学科建设现状及发展路径［J］. 知识产权，2020，（12）：27-39.

会议，部署"十四五"时期深入推进大众创业万众创新，继续强化对大众创新创业的政策支持，为创新创业营造更优良的发展生态。国家与地方对知识产权的重视，催生出对知识产权保护和知识产权专业服务人员的强大需求，同时也无疑对知识产权人才的质量提出了较高的要求。

在此背景下，为提高知识产权专业教学质量，根据毕业生对专业教学和人才培养提出的宝贵建议，也结合近年国内其他高校知识产权专业培养状况，以及知识产权行业发展前景和职业需求，针对学校知识产权专业教学提出四点初步建议。

（一）根据未来行业发展需求，确定人才培养目标和特色，强化学生的独特竞争优势

伴随着新科技革命与产业变革的交错推进以及中美知识产权历次争端的外部刺激，知识产权的内涵和外延得到极大拓展，知识产权高层次研究型和战略型人才培养也成为行业紧缺需求。❶ 因此，学生培养首先需要明确是以研究型人才培养为目标，还是以应用型人才培养为目标。其次，基于我国知识产权强国战略规划所涉及的知识产权创造、保护、运用、管理、服务等制度功能，在应用型人才目标下，还需明确是以知识产权创造、知识产权保护、知识产权运用、知识产权管理、知识产权服务等何种具体视角为主要培养方向。在此基础上，着重进行两方面教育：第一，普及教育，即传授知识产权专业的基础知识，帮助学生构建基本的专业素养和思维能力，以及架构知识产权专业体系。第二，特色教育。根据毕业生择业主要地域和潜在发展地域对知识产权专业人才的需求方向，以及未来发展方向，有针对性地设定具有特色的人才培养目标，保证教学和学生培养做到"人无我有，人有我优"，从而保证学生培养的专业性、深入性，强化毕业生在择业时的独特竞争力。

（二）盘活多方资源，优化课程体系，提升学生复合型能力

根据既定培养目标，优化课程体系，包括专业课程体系，以及所需理工

---

❶ 赵勇，单晓光．我国知识产权一级学科建设现状及发展路径［J］．知识产权，2020，（12）：27-39.

科课程体系。知识产权是一门横跨自然学科与社会学科的大交叉学科，需要吸收与培养兼具科学与人文素质的复合型人才。而目前大部分知识产权专业毕业生仅拥有本专业的学习背景，缺少理工科的学习经历，进而导致在行业竞争中不能从事知识产权代理师、专利代理、商标代理等工作，导致学生失去了较多就业机会。因此，在学生培养过程中，设立科学的课程体系是必要的。对此，首先可以在校内通过开设理工科第二学位的方式，给予学生选修理工专业，进而获得理工学习背景的机会。其次，可以与省内外相关高校进行深入沟通，加强合作，对于其开设的理工科相关课程，学生可以通过网络学习、辅修等方式获取学分，学校间通过互认学分、互认第二学位，帮助学生实现理工背景学习经历，获得相关知识和能力。

（三）加强校企合作，培养市场急需的优质毕业生

"以目标为导向，设定初始规划"。要培养符合市场需求的毕业生，提高学生竞争力，首先需要了解市场需求在哪里。规划之初，学校可梳理校企合作资源，对知识产权相关行业用工单位进行走访调研，详细了解用人单位的发展情况、人才需求趋势、职业发展空间、选聘毕业生的要求等情况，然后征求用人单位在人才培养方面的意见和建议，从而摸准市场用工脉搏。随后，根据市场需求，在人才培养特色和学生发展等方面进行适时调整和更新，从而实现知识产权专业人才培养方案的不断完善，以及学生职业能力和企业岗位之间的"无缝"对接，助推毕业生顺利就业、高质量就业。

（四）职业规划前置，制定个性化人才培养方案，培养学生多元化的竞争能力

如今社会工作的日益复杂化，促使市场对高学历人才能力的需求呈现多样化特点，企业对员工的要求也更加多元，制定个性化人才培养方案是国内高校为提高人才培养质量而进行的人才培养改革的一种趋向。通常情况下，企业对于员工的要求不仅仅局限于专业知识和能力，表达沟通、写作、文献检索、新技术应用、新闻传播，以及管理、创新等多方面能力都成为求职的一道门槛。然而，对于学生来说，难以保证其在有限时间内掌握具备全面的

知识和能力，为此，即可以从大一年级开始对学生进行职业启蒙，帮助其尽早设定职业规划。随后，借助学业导师、就业导师等多方力量，帮助学生制定个性化的人才培养方案，促使其能够在有限的大学时间内获得符合职业规划的最大程度的成长，为其毕业时能够以最大概率入职心仪行业并获得顺利发展打好基础，为高校实现培养高水平高素质多层次人才目标做好保障，也为国家顺利实施知识产权强国战略奠定人才基础。

附录：石家庄学院知识产权专业本科毕业生就业状况调查问卷

1. 性别： ［单选题］

选项	小计	比例
A. 男	42	41.58%
B. 女	59	58.42%
本题有效填写人次	101	

2. 毕业时间： ［单选题］

选项	小计	比例
A. 2017 年	33	32.67%
B. 2018 年	38	37.62%
C. 2019 年	30	29.7%
本题有效填写人次	101	

3. 您目前的就业状况： ［单选题］

选项	小计	比例
A. 工作	81	80.2%
B. 读研	8	7.92%
C. 出国	3	2.97%
D. 创业	3	2.97%
E. 暂未就业	6	5.94%
本题有效填写人次	101	

4. 您现在的职业是 ［单选题］

选项	小计	比例
A. 知识产权服务业	23	22.77%
B. 律师	16	15.84%
C. 司法机关	2	1.98%

选项	小计	比例	
D. 公务员	21		20.79%
E. 企业	23		22.77%
F. 其他	16		15.84%
本题有效填写人次	101		

5. 您目前工作单位所在城市：　　[单选题]

选项	小计	比例	
A. 石家庄市	42		41.58%
B. 省内其他城市	33		32.67%
C. 北上广深	17		16.83%
D. 省外其他地区	9		8.91%
E. 国外	0		0
本题有效填写人次	101		

6. 您目前职位薪资情况：（元/月）　　[单选题]

选项	小计	比例	
A. 4000 元以下	36		35.64%
B. 4000～6000 元（含 4000 元）	36		35.64%
C. 6000～8000 元（含 6000 元）	18		17.82%
D. 8000 元以上（含 8000 元）	11		10.89%
本题有效填写人次	101		

7. 您目前做的工作与您所学的专业对口情况：　　[单选题]

选项	小计	比例	
A. 完全对口	24		23.76%
B. 基本对口，有些关系	48		47.52%
C. 不对口	29		28.71%
本题有效填写人次	101		

8. 您对于目前的工作的满意度： ［单选题］

选项	小计	比例
A. 满意	27	26.73%
B. 基本满意	54	53.47%
C. 不太满意	12	11.88%
D. 不满意	8	7.92%
本题有效填写人次	101	

9. 您目前工作的职业发展前景： ［单选题］

选项	小计	比例
A. 非常好	16	15.84%
B. 比较好	48	47.52%
C. 一般	33	32.67%
D. 比较差	4	3.96%
本题有效填写人次	101	

10. 您在校所学专业课知识对目前工作的影响程度： ［单选题］

选项	小计	比例
A. 很高	14	13.86%
B. 较高	28	27.72%
C. 一般	41	40.59%
D. 较低	18	17.82%
本题有效填写人次	101	

11. 您认为在校期间哪些技能的训练有利于您成功求职？ ［多选题］

选项	小计	比例
A. 专业知识和技能	71	70.3%
B. 表达与交际能力	62	61.39%
C. 学生干部工作经历	16	15.84%
D. 社会实践经历	51	50.5%
E. 英语水平	22	21.78%

续表

选项	小计	比例	
F. 司法从业资格证书	48		47.52%
G. 学习能力	51		50.5%
H. 校园文化活动	7		6.93%
I. 其他	6		5.94%
本题有效填写人次	101		

12. 您在选择目前工作单位时考虑的主要因素：　　［多选题］

选项	小计	比例	
A. 工作地点	62		61.39%
B. 单位性质	53		52.48%
C. 薪酬与福利	68		67.33%
D. 岗位级别	13		12.87%
E. 单位规模、名气	19		18.81%
F. 个人发展空间	55		54.46%
G. 专业对口	31		30.69%
H. 工作稳定性	36		35.64%
I. 父母意愿	10		9.9%
J. 个人兴趣爱好　H. 其他	18		17.82%
本题有效填写人次	101		

13. 您认为知识产权本科生在就业方面面临的主要问题是什么？　　［多选题］

选项	小计	比例	
A. 市场环境对知识产权专业本科应届毕业生的需求总量不高	46		45.54%
B. 毕业生的就业定位不合理，期望值过高	60		59.41%
C. 应届毕业生，缺乏工作经验，实务操作能力不足，竞争力薄弱	67		66.34%
D. 就业信息机制不健全，信息渠道不畅通	41		40.59%

选项	小计	比例	
E. 市场环境与高校之间需要时间磨合，充分定义知识产权专业人才	50		49.5%
F. 其他	4		3.96%
本题有效填写人次	101		

14. 您认为知识产权专业毕业生就业前景如何？ ［单选题］

选项	小计	比例	
A. 非常好	16		15.84%
B. 比较好	42		41.58%
C. 一般	28		27.72%
D. 比较差	15		14.85%
本题有效填写人次	101		

15. 在今后的职业规划中，您是否可能重新选择从事与知识产权对口的职位？ ［单选题］

选项	小计	比例	
A. 有打算，正在做准备	31		30.69%
B. 有打算，转行难度较大	33		32.67%
C. 没有打算	37		36.63%
本题有效填写人次	101		

16. 如果学校继续开设知识产权专业，您是否支持？ ［单选题］

选项	小计	比例	
A. 支持	77		76.24%
B. 不支持	24		23.76%
本题有效填写人次	101		

17. 请谈谈您对知识产权专业建设以及人才培养的评价和建议。 ［填空题］

2021 年 8 月